Vorwort

Grundwissen aufbauen
Arbeiten einteilen
Kernkompetenzen aneignen
Aufgaben bewältigen
Werte erleben
Interessen erkennen

Liebe Schülerin und lieber Schüler,

die Mittelschule bereitet dich auf dein späteres Berufsleben vor. Dies geschieht Hand in Hand. Mithilfe deiner Lehrer, wirst du im Unterricht **stark im Wissen**. Ein Betriebspraktikum macht es dir möglich, erste Erfahrungen in der Arbeitswelt zu sammeln. Durch den Umgang mit Mitschülern und Freunden wird dein **persönliches Ich gestärkt**.

Hast du schon einen Plan? So lautet die Frage in einem Kapitel, in dem dir verschiedene Berufe vorgestellt werden. Vielleicht fällt **deine Berufswahl** auf eine Tätigkeit in den Berufsfeldern Hauswirtschaft oder Soziales.

Im Fachunterricht kannst du deine Kenntnisse und Fertigkeiten aufbauen. Dies geschieht in verschiedenen Bereichen wie der Lebensmittelbe- und verarbeitung, beim Anwenden von weiteren Garmethoden und auch beim Präsentieren der zubereiteten Speisen.

Die Voraussetzung für eine **starke Persönlichkeit** ist ein gesunder Körper, den du durch die richtige Auswahl und Behandlung von Lebensmitteln sowie durch eine gut durchdachte Ernährung erhalten kannst. Dafür soll dir dieses Buch ein praktischer und hilfreicher Begleiter durch die 8. Jahrgangsstufe sein.

Wir wünschen dir nun viel Erfolg!

Gabriele Kölzer Karin Onderka Wilma Fischer

Jedes Kapitel ist gleich aufgebaut.

Das Hauptthema eines Kapitels ist nummeriert und groß geschrieben.

Hauptthema

Zu Beginn findest du eine knappe Beschreibung der Ziele, mit denen sich das Kapitel befasst.

Rezeptvorschlag
Beispiel für eine mögliche Kochaufgabe. Das Rezept für das jeweils vorgeschlagene Gericht findest du im Rezeptteil.

Teilüberschriften

Alle Informationen, die du zur Bearbeitung benötigst, werden nun beschrieben.

1) Erweitere dein Wissen!
2) Bearbeite die hier genannten Aufgaben!

Hier findest du Merksätze, Arbeitsanweisungen, Arbeitsschritte oder Erklärungen.

Lernziel erreicht?

Damit du das Gelernte besser behalten und abrufen kannst, wird hier dein Wissen überprüft.

Mitgedacht

Finde heraus, ob du dein Wissen auch auf andere Lebensbereiche und Situationen übertragen kannst!

Rezepte

Menge	Zutaten	Zubereitung
		Im Rezeptteil findest du einige Rezepte. Sie sind alle gleich aufgebaut und werden von links nach rechts gelesen.

Inhaltsverzeichnis

Literaturverzeichnis

Beruf aktuell Ausgabe 2010/2011 Bundesagentur für Arbeit
Blank, Gerlinde; Weßling, Maria: Zusammen eben – Zusammenarbeiten 9/M9, HT 7457, Verlag Handwerk und Technik, Hamburg 2007
Fichtner, Edeltraud; Plößner, Birgit: Zusammenleben – Zusammenarbeiten 7 und 7/M7, HT 7455, Verlag Handwerk und Technik, Hamburg 2010
Fichtner, Edeltraud; Plößner, Birgit: Zusammenleben – Zusammenarbeiten 8 und 8/M8, HT 7456, Verlag Handwerk und Technik, Hamburg 2008
Fischer, Wilma; Kölzer, Gabriele; Onderka, Karin: „Kochsternchen", HT 7484, Verlag Handwerk und Technik, Hamburg (bisher unveröffentlicht)
Nesso, Margot J. L.: Rationelle Nahrungszubereitung, HT 4361, Verlag Handwerk und Technik, Hamburg 2004
Schlieper, Cornelia A.: Service, HT 4802, Verlag Handwerk und Technik, Hamburg 2010
www.berufenet.arbeitsagentur.de (gefunden am 8.2.2012)
www.berufenet.de (gefunden am 8.2.2012)
www.biomarkt.co.at/content/site/ernaehrungstipps/article (gefunden am 20.2.2012)
www.bio-siegel.de (gefunden am 3.2.2012)
www.chemie-schule.de (gefunden am 10.2.2012)
www.dge.de (gefunden am 17.2.2012)
www.geo.de (gefunden am 3.2.2012)
www.isb.de (Seiten zum Aufbau Leittext) (gefunden am 6.2.2012)
www.kochmix.de (gefunden am 22.2.2012)
www.lilipuz.de (gefunden am 27.2.2012)
www.machmit-5amtag.de (gefunden am 17.2.2012)
www.planetberuf.de (gefunden am 8.2.2012)
www.schnellkochen.de (gefunden am 28.2.2012)
www.was-wir-essen.de Newsletter 11 vom 1.6.2011 Heike Kreuz aid
www.wikipedia.de (gefunden am 6.2.2012)

1 Soziales 8 – bist du bereit?

Bevor du dein fachliches Können unter Beweis stellst, erinnere dich bitte an einige Grundlagen, die für den reibungslosen Arbeitsablauf wichtig sind. Auf Ordnung und Sauberkeit wird nicht nur in der Küche besonderen Wert gelegt, und bei Tisch möchte sich jeder wohl fühlen. Mit sorgfältigem Messen und Wiegen ist ein gutes Gelingen der Kochaufgaben garantiert.

1.1 Ordnung und Hygiene

Damit die Teamarbeit in deiner Gruppe gut funktioniert, ist es sinnvoll, die anfallenden Arbeiten gerecht einzuteilen. Jedes Gruppenmitglied übernimmt so einen Teil der Verantwortung, und es kann eine Zusammenarbeit stattfinden.

Rezeptvorschlag:
Inliner-Sandwich
(s. S. 84)

1) Lies dir die verschiedenen Aufgaben genau durch!
2) Teilt die Arbeiten gerecht ein!

Arbeitseinteilung in der Gruppe

Aufgabenbereich 1

Vor der Kochaufgabe
Bereite deinen Arbeitsplatz vor!
Während der Kochaufgabe
Trockne das Geschirr ab!
Entsorge alle Abfälle!
Nach der Kochaufgabe
Reinige die Arbeitsflächen gründlich!
Kontrolliere alle Schubladen nach!

Aufgabenbereich 2

Vor der Kochaufgabe
Richte den Spülbereich her!
Während der Kochaufgabe
Spüle das Geschirr ab!
Räume das Geschirr auf!
Nach der Kochaufgabe
Reinige den Spülbereich!
Kontrolliere alle Schubladen nach!

Aufgabenbereich 3

Vor der Kochaufgabe
Richte alle Lebensmittel her!
Während der Kochaufgabe
Räume die Lebensmittel zurück!
Räume die Spülmaschine aus!
Nach der Kochaufgabe
Reinige den Herd gründlich!
Kontrolliere alle Schränke!

Aufgabenbereich 4

Vor der Kochaufgabe
Richte alle Geräte her!
Während der Kochaufgabe
Kontrolliere die Vorräte nach!
Räume die Geräte sauber auf!
Nach der Kochaufgabe
Reinige den Backofen gründlich!
Kontrolliere alle Schränke!

Hygienisches Arbeiten

Mit Hygiene sind alle Maßnahmen gemeint, die zur Sauberkeit und Reinheit beitragen, sowie die Gesundheit der Menschen erhalten. In der Schulküche unterscheiden wir zwischen persönlicher Hygiene und Hygiene am Arbeitsplatz.

1) Sieh dir die verschiedenen Bilder genau an!
2) Formuliere mit deiner Gruppe Regeln zur Hygiene!
3) Stellt in der Gruppe fest, welche Regeln zur persönlichen Hygiene gehören!

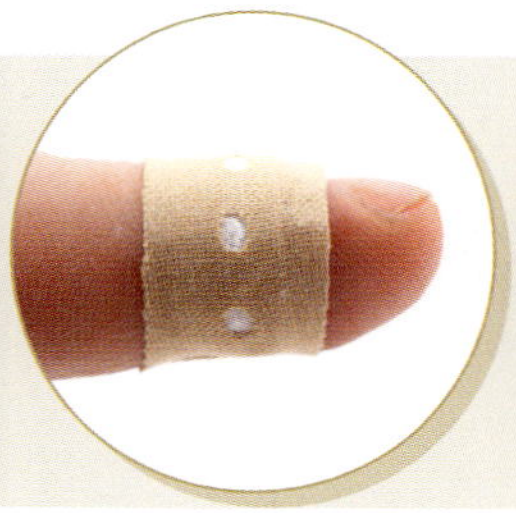

Lernziel erreicht?

1) Beschreibe alle Ordnungsmaßnahmen, für die du verantwortlich bist!
2) Erkläre mit deinen eigenen Worten, was „Hygiene“ bedeutet!
3) Zähle persönliche Hygieneregeln auf!

Mitgedacht

1. Überlege, was der Begriff „Lebensmittelhygiene“ bedeutet!
2. Wie kannst du „sozial“ sein?

1.2 Tisch decken

Ein guter Zusammenhalt in der Gruppe spiegelt sich auch in einer harmonischen Tischgemeinschaft wieder. Ein schön vorbereiteter Tisch lädt dazu ein, sich in einer angenehmen Atmosphäre wohl zu fühlen.

Als Tischgedeck bezeichnet man die Ausstattung und Anordnung von Essbesteck und Geschirr für eine Person. Dazu gehören auch Servietten, Tischkarten und Dekoration. Das Gedeck kann während des Essens ergänzt werden.

Rezeptvorschlag
Gemüsecremesuppe (s. S. 71), Champignontoast (s. S. 83), Quarkcreme mit Beeren (s. S. 92)

1. Notiere mithilfe des Bildes Regeln zum Tisch decken!
2. Überlege, welche Geschirr- und Besteckteile heute benötigt werden!
3. Decke den Tisch mit deiner Gruppe!

So gehst du vor

1. Sorge für einen sauberen Tisch!
2. Lege eine Tischdecke oder Tischsets auf!
3. Stelle die Stühle bereit!
4. Richte Geschirr und Besteck her!
5. Decke den Tisch ein!

Lernziel erreicht?

1. Decke mit deiner Gruppe einen Kaffeetisch für Muffins mit Kakaogetränk!
2. Notiere auch das dazu passende Vorlegebesteck!

Mitgedacht

1. Begründe, weshalb der Restaurantfachmann/die Restaurantfachfrau zum Tisch decken weiße Handschuhe trägt!
2. Nimm Stellung zu folgender Aussage: Ein schön gedeckter Tisch ist die Visitenkarte des Hauses!

Servietten falten

Servietten dienen als Mundtuch und tragen zur Verschönerung des Tisches bei.

Probiere eine Serviettenfaltung deiner Wahl aus!

Stehender Fächer

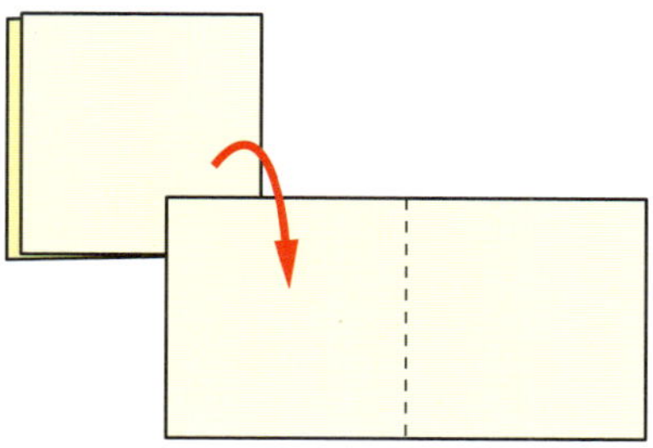

Öffne die Serviette!

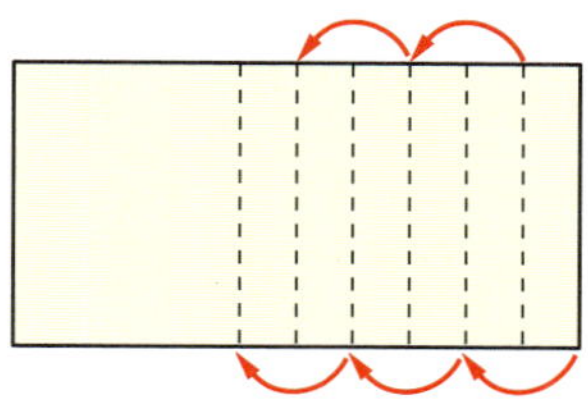

Falte eine Ziehharmonika bis zu zwei Drittel!

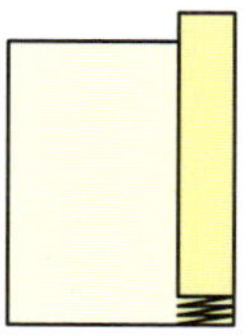

Drehe die Serviette um!

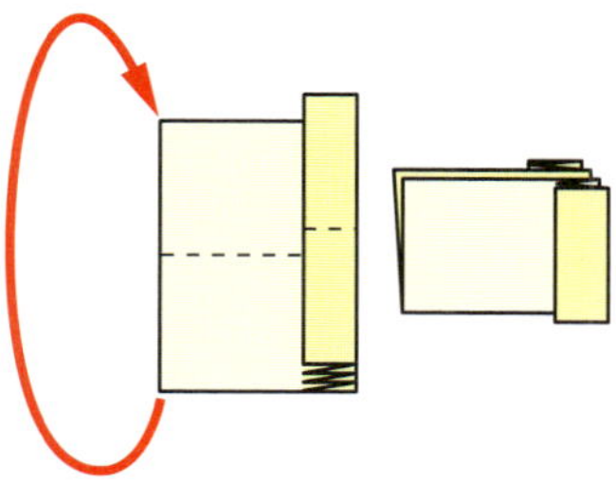

Halbiere die Serviette der Länge nach so, dass die Ziehharmonikafaltung außen ist!

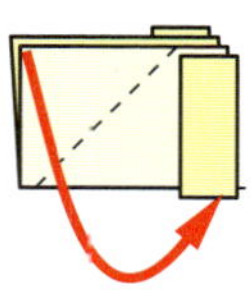

Falte den glatten Teil der Serviette zu einem Dreieck nach unten!

Falte den überstehenden Rand nach hinten weg!

Richte den Fächer auf!

Lilie

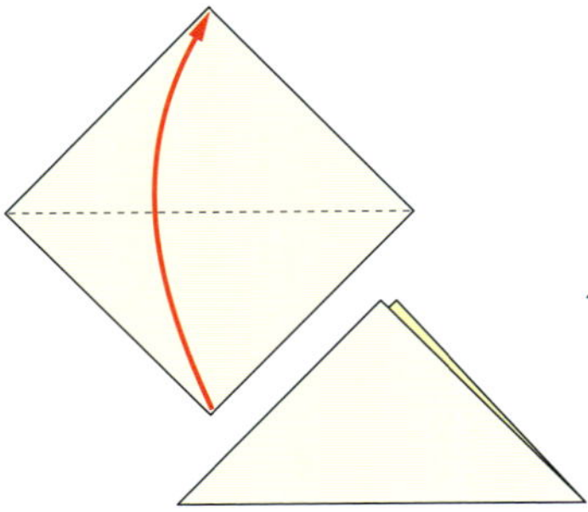

Öffne die Serviette ganz!
Falte die Serviette diagonal
Ecke auf Ecke!

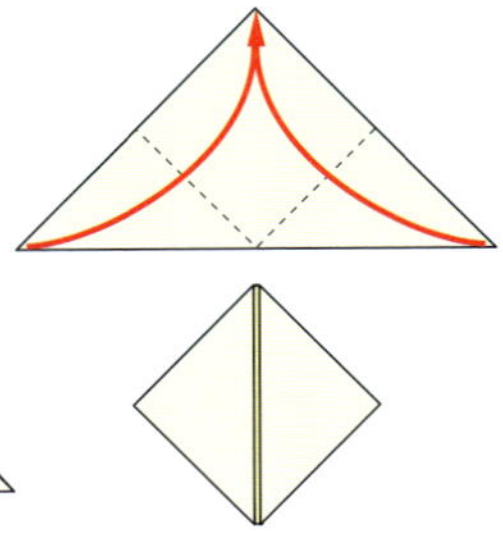

Falte die rechte und linke
Ecke zur Spitze!

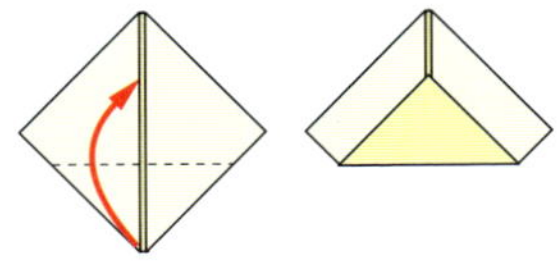

Falte die untere Ecke um drei
Viertel nach oben!

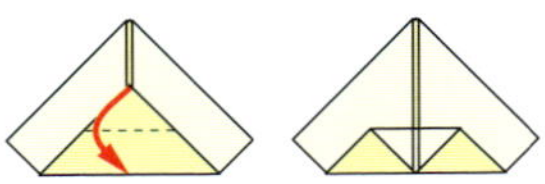

Falte die untere Spitze auf
die Kante!

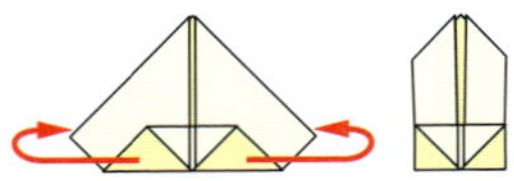

Biege die Ecken nach hinten
und stecke sie ineinander!

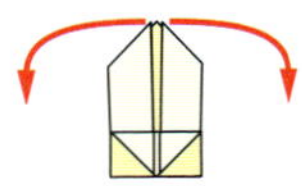

Ziehe die offenen Spitzen
zur Seite!

Stelle die Serviette auf!

Lernziel erreicht?

Falte eine Serviette für deine Unterlagen!

Mitgedacht

Informiere dich im Internet über weitere Serviettenfaltungen!

1.3 Anrichten und Garnieren

Gemäß dem kulinarischen Sprichwort „Das Essen soll zuerst das Auge erfreuen und dann den Magen", sollte jede Speise vor dem Verzehr ansprechend garniert werden. Beim Garnieren werden Speisen und Getränke ausgestaltet bzw. verziert.

Rezeptvorschlag
Garnierte Apfelküchle (s. S. 90)

1. Lies den Text genau durch!
2. Besprich in der Gruppe den Unterschied zwischen Anrichten und Garnieren!
3. Formuliere Regeln zum Anrichten!

Nach der Zubereitung eines Gerichts überlegst du dir, wie die Speisen optimal zur Geltung gebracht werden können. Dafür wählst du das passende Anrichtegeschirr aus. Achte immer darauf, dass es sauber ist und die Speisen locker eingefüllt und nicht glatt gestrichen werden.

Beim Garnieren kommt es darauf an, dass die Speisen ein verbessertes Aussehen erhalten. Hierbei werden Lebensmittel verwendet, die einen farblichen Blickfang bilden und zum Gericht passen. Dabei kannst du die Mitte, die Seite oder die Ränder betonen. Am besten, du lässt deiner Kreativität freien Lauf und probierst verschiedene Möglichkeiten aus!

Überblick über die Garnierungsmöglichkeiten

Mit viel Fantasie und Ideenreichtum kannst du durch wenige Mittel appetitliche Garnierungsmöglichkeiten erfinden.

Suppen	frische Kräuter, Sahnehaube	
Salate	frische Kräuter, Croûtons	
Nachspeisen	frisches Obst, Nüsse Sahnetupfen, Schokostreusel	

Herstellen eines Soßenspiegels

Nachspeisen können auf einem Soßenspiegel angerichtet werden. Dazu benötigst du mindestens zwei verschiedene Soßen. Diese werden auf einen Teller gegeben und durch Verziehen mit einem Holzspieß farblich gemustert.

Soßenspiegel spiralförmig garniert

Gib mit einem Esslöffel Erdbeersoße in die Tellermitte!

Verteile die Sahne spiralförmig darüber!

Ziehe die Sahne mit einem Holzspieß von innen nach außen!

Rezeptvorschlag
Bunter Desserteller
(s. S. 89)

Lernziel erreicht?

1. Formuliere Regeln zum Anrichten und Garnieren!
2. Nimm Stellung zu folgenden Aussagen: „Das Auge isst mit!“ und „Weniger ist mehr!“

Mitgedacht

1. Recherchiere im Internet nach der Herstellung weiterer Soßenspiegel!
2. Überlege, welche Garnierungsmöglichkeiten für Bananenmilchshakes geeignet sind!

1.4 Flüssigkeitsmengen

Bei den meisten Gerichten hängt das Gelingen auch vom richtigen Messen ab. Dazu gibt es mehrere Hilfsmittel, die du schon kennst. Besondere Sorgfalt ist beim Abmessen und Umrechnen von Flüssigkeiten geboten. Die Mengenangabe kann in Liter (auch als Bruch), in Milliliter oder in Kubikcentimeter angegeben sein.

Nutze dein Vorwissen aus dem Fach Mathematik!

Rezeptvorschlag
Schoko-Cookies
(s. S. 87),
Apfel-Kirsch-Zauber
(s. S. 70)

Übersicht über die Maßeinheiten

1. Richte einen Messbecher oder ein Litermaß her!
2. Versuche folgende Einheiten genau abzumessen:
   $\frac{3}{4}$ l – 250 ccm – 125 ml – $\frac{1}{8}$ l – 0,125 l
3. Nimm dazu die folgende Tabelle zur Hilfe!

	1 l 1000 ml/ccm		0,33 l $\frac{1}{3}$ l 330 ml/ccm
	0,75 l $\frac{3}{4}$ l 750 ml/ccm		0,25 l $\frac{1}{4}$ l 250 ml/ccm
	0,5 l $\frac{1}{2}$ l 500 ml/ccm		0,125 l $\frac{1}{8}$ l 125 ml/ccm

Lernziel erreicht?

Notiere zu folgenden Produkten die passenden Maßeinheiten:

1 Becher Sahne – 1 Packung Milch – 1 Flasche Zitronensaft – 1 Flasche Öl

Mitgedacht

Rechne folgende Mengen um und trage die Ergebnisse auf einem Extrablatt ein:

$\frac{4}{8}$ l Sahne	= ? ml	$\frac{2}{16}$ l Milch	= ? ccm
$\frac{3}{4}$ l Wasser	= ? ml	1000 ml Öl	= ? l

2 Planen und Organisieren – gewusst wie!

Um einen reibungslosen Arbeitsablauf sicher zu stellen, ist es sinnvoll, eine Grobplanung in Form eines Organisationsplans vorzunehmen. Ein Haushaltsbuch verschafft dir einen Überblick über die Ausgaben und bewahrt dich vor finanziellen Verlusten. Die Arbeiten in deiner Gruppe kannst du gerecht in einem Zeit- und Arbeitsplan einteilen.

2.1 So schreibst du einen Organisationsplan

In einem Organisationsplan werden alle anfallenden Arbeitsschritte in einer logischen Reihenfolge geordnet aufgeschrieben.

1. Lies dir die gekürzten Arbeitsschritte genau durch!
2. Ordnet die Arbeitsschritte mit eurer Gruppe in einer sinnvollen Reihenfolge!
3. Notiert in der Gruppe eure Ergebnisse!

Rezeptvorschlag
Zucchinigeschnetzeltes mit Quellreis (s. S. 77)

Arbeitsschritte für Zucchinigeschnetzeltes mit Quellreis

- Reis vorbereiten
- Geschnetzeltes ca. 15 Min. köcheln lassen
- Fleisch vorbereiten, schneiden
- Geschmackszutaten vorbereiten, schneiden
- Aufräumen und spülen
- Geschnetzeltes anbraten
- Alle Speisen anrichten und garnieren
- Alle Zutaten und Geräte vorbereiten
- Geschmackszutaten zugeben, dünsten
- Reis ca. 20 Min. köcheln lassen
- Essen

Zubereitungsschritte verkürzen

Bevor du einen Organisationsplan schreiben kannst, werden die Zubereitungsschritte verkürzt. Ein Organisationsplan wird immer in Stichpunkten formuliert.

Spaghetti

Menge	Zutaten	Zubereitung	Kurzform
reichlich 1 EL	Wasser Salz	mit zum Kochen bringen	Wasser zum Kochen bringen
250 g	Spaghetti	ins kochende Wasser geben und nach Anleitung kochen	Spaghetti kochen

Hackfleischsoße

Menge	Zutaten	Zubereitung	Kurzform
½	Zwiebel	fein würfeln	Zwiebeln vorbereiten
1 EL 250 g 1 Pck. n. Bed.	Öl Hackfleisch Tomatenpüree Salz, Pfeffer, Paprika, Oregano	erhitzen anbraten, Zwiebeln zugeben, dünsten zugeben, ca. 10 Minuten köcheln lassen würzen, abschmecken und anrichten	Hackfleischsoße herstellen

Merkpunkte zum Organisationsplan

- Der erste Arbeitsschritt ist immer gleich!
  Alle Zutaten und Geräte herrichten.
- Beginne mit den Arbeiten und Gerichten, die am längsten dauern!
  Wasser zum Kochen bringen, Kuchen 30 Min. backen
- Plane alle Warte- und Garzeiten mit ein und plane ineinander!
  Hackfleischsoße ca. 10 Min. garen, Arbeitsplatz aufräumen, während Soße und Nudeln garen
- Plane das Anrichten, Garnieren, Essen, Aufräumen und Spülen ein!

Beispiel für einen Organisationsplan

Organisationsplan für Spaghetti mit Hackfleischsoße

1. Alle Zutaten und Geräte vorbereiten
2. Wasser zum Kochen bringen
3. Zwiebel vorbereiten
4. Hackfleischsoße herstellen
5. Nudeln kochen
6. Aufräumen und spülen
7. Tisch decken
8. Alle Speisen anrichten und garnieren

Lernziel erreicht?

1. Erkläre was ein Organisationsplan ist!
2. Notiere Regeln zum Schreiben eines Organisationsplans!
3. Zähle Vorteile eines Organisationsplans auf!

Mitgedacht

Wähle ein weiteres Fleischgericht mit Beilage und Nachspeise aus und schreibe dafür einen Organisationsplan!

2.2 Zeit- und Arbeitspläne

Um alle Arbeiten in deiner Gruppe gerecht aufzuteilen, ist die Auflistung in einem Zeit- und Arbeitsplan notwendig.

Informiere dich im Kapitel 3 über Zeit- und Arbeitspläne!

Rezeptvorschlag
Nudeln mit Hackfleischsoße (s. S. 78)

2.3 So führst du ein Haushaltsbuch

Im Haushaltsbuch sind alle Ausgaben und Einnahmen aufgelistet, damit sie schnell und übersichtlich miteinander verglichen werden können. Du kannst auch sehen, wie viel Geld du im Monat ausgegeben hast oder ob noch etwas übrig bleibt. Dein Vorwissen aus Mathematik und ein Tabellenkalkulationsprogramm für den PC erleichtern dir dabei die Arbeit.

Rezeptvorschlag
Salzkartoffeln mit Kräuterquark (s. S. 81)

1) Sammle alle heutigen Kassenbelege!
2) Trage alle Ausgaben in die Tabelle ein!
3) Notiere dein Restguthaben!

Klasse: 8 ....   Schuljahr ....
Schülerzahl: ....   Kochgeld insgesamt ....

Datum	Geschäft	Ausgaben	Restguthaben	Unterschrift
02. 05. 20..	LM-Discount	5,99 €	564,39 €	

MUSTER

Lernziel erreicht?

1) Überlege dir Gründe, die für ein Haushaltsbuch sprechen!
2) Notiere Möglichkeiten, wodurch du Geld einsparen kannst!

Mitgedacht

Notiere alle deine persönlichen Ausgaben während einer Woche und vergleiche sie mit deinen Taschengeldeinnahmen! Wie viel Geld konntest du sparen?

3 So kommst du leicht ans Ziel!

Du darfst im Unterricht viel mitentscheiden. Den Einkauf planst du mit einer Einkaufsliste. Damit es dir leichter fällt, zu lernen und Inhalte zu gliedern, kannst du eine Mindmap oder ein Plakat nutzen. Du bekommst hilfreiche Ratschläge, wie du dich auf Vorträge vorbereiten und deine Arbeit reflektieren kannst. Mindmaps, Plakate, Vorträge und Reflexion kennst du bereits aus dem Fach Deutsch. Außerdem erfährst du, wie ein Leittext aufgebaut ist, den du im Übungsprojekt brauchst. Der Computer erleichtert dir die Arbeit beim Schreiben von Organisations-, Zeit- und Arbeitsplänen.

3.1 Einkaufsliste

Eine Einkaufsliste ist einfach gegliedert und hilft dir dabei, schnell an die Waren zu gelangen, ohne in Einkaufsfallen zu tappen.

1 Lies dir die Arbeitshilfen zur Einkaufsliste genau durch!
2 Schreibe gemeinsam mit deiner Gruppe die Einkaufsliste fertig!

Rezeptvorschlag
Griechischer Salat mit Baguette (s. S. 74)

So gelingt dir eine Einkaufsliste

Wofür? Einkaufsliste für Griechischen Salat mit Baguette
Wann? Kochtag
Wer? Klasse
Wie viel? Menge
Was? Zutaten

Bedenke immer die Verpackungseinheit des Lebensmittels, die du im Geschäft kaufen kannst, und schreibe für alle Gerichte nur eine Einkaufsliste!

Einkaufsliste für Griechischen Salat mit Baguette

Kochtag: TT.MM.JJJJ
Klasse: 8 ....

Menge	Zutaten
1 Flasche	Balsamico-Essig
1 Pck.	Salz
1	Gurke
1 Bd.	Basilikum

3.2 Mindmap

Eine Mindmap (engl. mind = Gedanke, map = Landkarte, also „Gedankenlandkarte) bietet dir die Möglichkeit, komplexe Sachverhalte und Fließtexte mit wenigen Stichpunkten in Struktur zu bringen. So kannst du dir besser eine Übersicht über die Lerninhalte verschaffen und sie dir auch besser merken.
Mindmaps lassen sich mithilfe verschiedener Programme auch am Computer gestalten.

1. Schreibe das Thema immer in die Mitte!
2. Liste die Überpunkte im Uhrzeigersinn – beginnend von rechts oben – auf!
3. Füge zu jedem Überpunkt passende, stichpunktartige Unterpunkte ein!
4. Gestalte die Mindmap auch mit Nummern, Bildern, Farben und Beispielen!
5. Übe das Erstellen von Mindmaps im Kapitel 4.4, 7.3 und 7.5!

3.3 Plakat

Ein Plakat bietet dir während des Vortrags eine bessere Orientierung. Das gesprochene Wort prägt sich bei den Zuhörern durch Sprache, Text und Bild noch besser ein. Außerdem sind die Informationen in Kurzfassung dargestellt.

Regeln zur Plakaterstellung

1. Das Wichtigste zuerst – die Überschrift
Damit man sofort erkennt, um welches Thema es sich handelt, sollte die Überschrift groß und gut leserlich sein.

2. In der Kürze liegt die Würze
Fasse dich kurz und schreibe nur wenig Text. Kurze Sätze sind gut verständlich und prägen sich besser ein.

3. Gliedere den Text
Unterteile dein Thema in Abschnitte. Fasse Inhalte mit einer Zwischenüberschrift zusammen.

4. Füge aussagekräftige Bilder ein
Suche Bilder, die gut zu deinem Thema passen und beim Verständnis der Texte helfen.

5. Schaffe Ordnung
Benutze Farben und Symbole, um dein Plakat zu strukturieren. Bilder und Texte sollten strukturiert aufgebaut sein.

6. Sei kreativ
Gestalte dein Plakat so, dass es Aufmerksamkeit erregt.

7. Weniger ist mehr
Habe Mut zur Lücke, ein Plakat sollte nicht überladen sein. Freiflächen helfen beim Gliedern und machen das Plakat übersichtlich.

- Erstelle einen Plakatentwurf auf einem Blockblatt!
- Achte auf die Platzeinteilung!
- Übertrage deinen Entwurf auf das Plakatpapier!
- Wähle eine gut lesbare Schriftfarbe aus!
- Schreibe groß und deutlich!
- Verwende nur 2–3 Farben!
- Füge auch passende Bilder ein!

3.4 Vortrag

In einem Vortrag werden dem Zuhörer Sachverhalte erklärt und mithilfe verschiedener Medien präsentiert.

So bereitest du dich vor

- Sammle Informationen über dein Thema!
- Überlege dir Gliederungspunkte!
- Teile den Vortrag in Einleitung, Hauptteil und Schlussgedanke ein!
- Setze unterstützende Medien (Bilder, Lebensmittel, Geräte)!
- Wähle eine Präsentationsform (Plakat, Folien, Powerpoint)!
- Notiere dir eventuell Stichpunkte auf einer Karteikarte!
- Übe zu Hause vor dem Spiegel und vor einem Freund/einer Freundin!

So gelingt dein Vortrag

- Beginne erst, wenn alle leise sind!
- Sprich langsam, laut und deutlich!
- Wende dich deiner Klasse zu!
- Blicke in die Klasse, nicht auf den Boden!
- Trage dein Referat möglichst frei vor!
- Stelle dich auf mögliche Fragen ein!

3.5 Reflexion

Reflektieren meint, du hältst Rückschau über deine Leistungen. Du lernst dabei, dich selbst und andere Gruppenmitglieder einzuschätzen und gelangst zu Erkenntnissen. So kannst du deine Leistungen verbessern und dadurch Kompetenzen aufbauen, die du für das Berufsleben brauchst.

Nach dem Unterricht kannst du dir folgende Fragen stellen

- Wie gut konntest du die praktische Aufgabe erfüllen?
- Wie hat die Zusammenarbeit in deiner Gruppe funktioniert?
- Wie warst du mit deiner eigenen Leistung zufrieden?
- Was hast du heute dazu gelernt?
- Was kannst du das nächste Mal verbessern?

Du kannst deine Leistungen auch in einem Lerntagebuch dokumentieren.

So kannst du deine praktischen Leistungen überprüfen

Welche Aufgaben hattest du mit deinem Partner oder deiner Partnerin?
Welche Arbeitstechniken hast du durchgeführt?

Arbeitstechniken	das fiel mir leicht	das fiel mir schwer
Einhalten von persönlichen Hygieneregeln		
Einhalten von Hygieneregeln am Arbeitsplatz		
Obst und Gemüse fachgerecht vorbereiten		
Müll fachgerecht trennen und entsorgen		

Welche Geräte hast du verwendet? Hast du sie richtig bedient?

Geräteeinsatz	richtig gemacht	fehlerhaft gemacht
z. B. Handrührgerät	die Rührbesen wurden richtig eingesetzt	das Gerät wurde nach dem Gebrauch nicht gereinigt

Wie funktionierte die Zusammenarbeit in deiner Kochgruppe?

Gruppenarbeit	ja	nein
Wurden die Arbeiten gerecht eingeteilt?		
Herrschte ein respektvoller Umgangston?		
Wurde sich gegenseitig geholfen?		

Um deine Gruppenmitglieder einzuschätzen, kannst du dir die gleichen Fragen stellen!

Wie war der Vortrag für deine Mitschüler?

- War das Referat interessant?
- Wurde der Inhalt verstanden?
- Wie war die Vortragsweise?
- Wurden Medien verwendet?
- Hast du noch Verbesserungsvorschläge?

3.6 Leittext

Arbeitsaufträge können auch in Form eines Leittextes gestellt werden. Er beginnt immer mit dem übergeordneten Thema, dem so genannten **Szenario**. Hier werden die Aufgaben allgemein beschrieben.

Berufsfelderkundung im berufsorientierenden Zweig Soziales
Informiert euch in der nächsten Sequenz mit eurer Gruppe über Berufe im Berufsfeld „Hauswirtschaft" und „Soziales". Präsentiert die Ergebnisse euren Mitschülern. Außerdem sollt ihr verschiedenes Fingerfood herstellen, ausprobieren und besonderen Wert auf das Anrichten und Garnieren dieser Speisen legen.

Szenario

Im nächsten Abschnitt sind alle **Aufgaben** in der richtigen Reihenfolge gegliedert. Die Schlüsselwörter weisen darauf hin, ob eine Arbeit alleine oder in der Gruppe ausgeführt werden muss.

Der Inhalt der **Projektmappe** dokumentiert den Ablauf und die Ergebnisse des Projekts.

Das müsst ihr tun:

1. **Informiert euch in der Gruppe über vier verschiedene hauswirtschaftliche oder soziale Berufe.**
2. **Anschließend entscheidet ihr gemeinsam, wer welchen Beruf präsentiert.**
3. **Jeder erstellt einen Entwurf für ein Plakat und ein Informationsblatt.**

Aufgaben

Jeder erstellt seine eigene Projektmappe mit folgendem Inhalt:

- Deckblatt
- Inhaltsverzeichnis
- Informationsblatt
- Plakatentwurf
- Quellenhinweise

Projektmappe

Ausführliche Leittexte findest du im Kapitel 4.2, 4.5 und 6.6.

3.7 Computereinsatz

Auch im berufsorientierenden Zweig Soziales wird mit dem Computer gearbeitet. Er unterstützt dich beim Gestalten und Erstellen von Organisations-, Zeit- und Arbeitsplänen sowie Rezeptblättern.

Erstellen einer Tabelle

Die Tabelle besteht aus Spalten, Zeilen und Zellen.

In der Tabelle kannst du dich mit der Maus, den Pfeiltasten oder mit der Tab-Taste bewegen.

Zum Einfügen einer Tabelle musst du im Textverarbeitungsprogramm das Menü „Einfügen" anklicken.

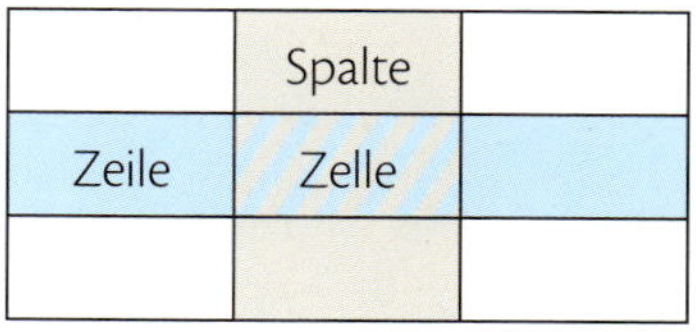

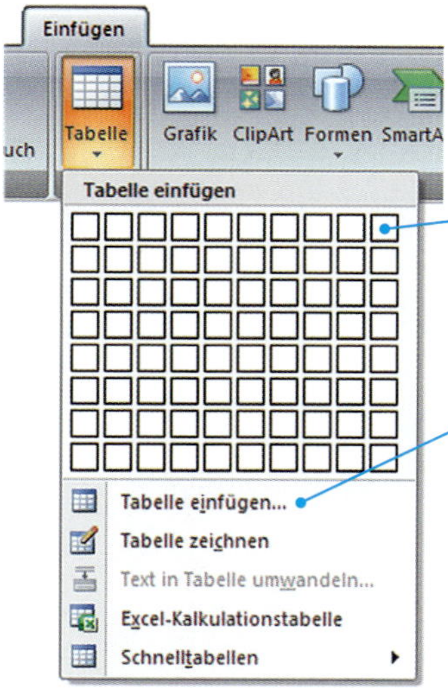

Durch Ziehen und Festhalten der linken Maustaste über die Felder, kann die entsprechende Zeilen- und Spaltenanzahl ausgewählt werden.

Anklicken. Hier kannst du Spalten-und Zeilenanzahl in einem Fenster eingeben.

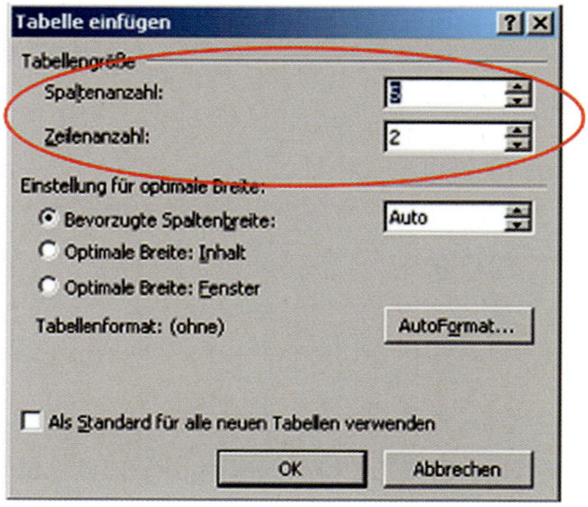

1) Erstelle die nachfolgenden Tabellen mit einem Textverarbeitungsprogramm: 4 Spalten – 2 Zeilen, 5 Spalten – 8 Zeilen, 15 Spalten – 3 Zeilen!
2) Drucke aus, markiere und beschrifte die Teile der Tabelle!

Organisationsplan

Im Kapitel 2 hast du bereits gelernt, einen Organisationsplan zu schreiben. Diesen kannst du auch mit einer Tabelle am Computer erstellen.

1) Erstelle eine Tabelle mit 2 Spalten und 15 Zeilen!
2) Beschrifte die erste Zeile der Tabelle mit Nr. und Arbeitsschritte!
3) Trage in die linke Spalte die Nummerierung der Arbeitsschritte ein!
4) Verkleinere die Spaltenbreite der ersten Spalte!

Verändern der Spaltenbreite

Nr.	Arbeitsschritte

Positioniere den Mauszeiger genau auf der senkrechten Linie. Es erscheint ein Pfeil in beide Richtungen. Halte den linken Mauszeiger gedrückt und ziehe die Maus nach links oder rechts. Dadurch verändert sich die Spaltenbreite.

Nr.	Arbeitsschritte

1. Schreibe einen Organisationsplan zur heutigen Kochaufgabe!
2. Füge eine Kopfzeile ein und drucke aus!

Zeit- und Arbeitspläne

Um alle Arbeiten in deiner Gruppe gerecht aufzuteilen, ist die Auflistung in einem Zeit- und Arbeitsplan notwendig.

1) Erstelle eine Tabelle mit 3 Spalten und 13 Zeilen!
2) Beschrifte die Kopfzeile mit „Name, Aufgabe, Dauer“!
3) Verändere die Spaltenbreite!
4) Trage die Namen deines Teams, die jeweiligen Aufgaben am heutigen Praxistag und die Dauer in die Tabelle ein! Bedenke, ihr wollt am Schluss gemeinsam am Ziel ankommen!

Name	Aufgabe	Dauer

In der ersten Spalte sollen die Zeilen verbunden werden. Markiere die Zellen, die du verbinden möchtest und klicke in der Symbolleiste „Tabellentools“ auf „Zellen verbinden“.

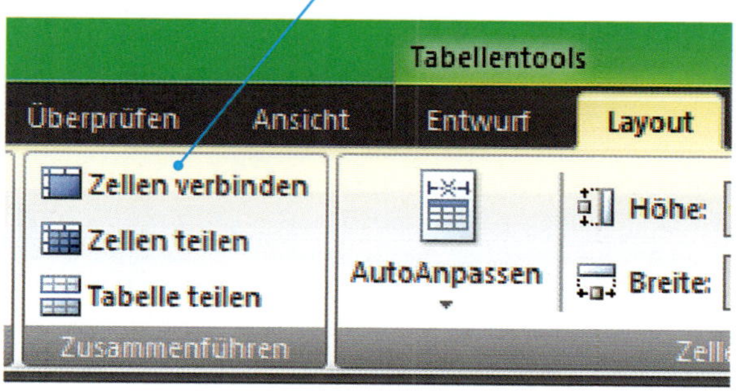

Rezeptblätter erstellen

Vergleiche in Partnerarbeit die Darstellung des Rezeptes alkoholfreier Caipirinha mit der im Rezeptteil auf S. 70 dargestellten Version und stelle die Unterschiede heraus!

Ipanema (alkoholfreier Caipirinha)

2 Limetten 4 TL brauner Zucker n. Bed. Eiswürfel 1 l Apfelsaft 2 l Mineralwasser	Limetten mit heißem Wasser waschen, halbieren und jede Hälfte vierteln, auf 4 Gläser aufteilen. Braunen Zucker zu den Limetten geben und mit einem Löffel den Saft aus den Limetten pressen. Eiswürfel im Eiscrasher oder im Gefrierbeutel mit einem Fleischklopfer zerkleinern und jedes Glas mit reichlich Eis auffüllen. Apfelsaft und Mineralwasser in einem Krug mischen, die Gläser mit dem Apfelsaftschorle bis ca. 1 cm unter dem Rand auffüllen und mit einem Strohhalm sofort servieren.

1. Erstelle eine Tabelle mit 3 Spalten und 2 Zeilen!
2. Beschrifte die Kopfzeile mit „Menge, Zutaten, Zubereitung“!
3. Verändere die Spaltenbreite!
4. Ergänze die Menge und Zutatenliste aus dem Rezept!
5. Verkürze die Sätze zu Stichpunkten!

Scharfes Nudelgericht

200 g Fadennudeln 4 Pilze 1 gelbe Paprika 2 Frühlingszwiebel 1 Karotte 1 Putenschnitzel 1 EL Öl Salz, Pfeffer, Sambal Oelek, Chinagewürz	Nudeln in kochendem Salzwasser „al dente“ kochen, gut abtropfen lassen. Fleisch, Gemüse und Pilze in längliche, feine Streifen schneiden. Öl in einer Pfanne erhitzen, Zwiebeln dazugeben und goldgelb anbraten, Sambal Oelek zugeben und zwei Minuten auf mittlerer Hitze weiterbraten. Gemüse und Fleisch dazugeben und auf höchster Stufe anbraten. Oft umrühren. Gekochte Nudeln unterrühren. Nach Belieben mit Salz, Pfeffer, Chinagewürz und noch mehr Sambal Oelek abschmecken. Sofort servieren.

4 Projekt Berufsfindung – hast du schon einen Plan?

In der 7. Jahrgangsstufe hast du dich bereits für ein berufsorientierendes Fach entschieden. Um einen für dich passenden Beruf zu finden, solltest du dir im Vorfeld über deine Schlüsselqualifikationen im Klaren sein. Das hauswirtschaftliche und soziale Berufsfeld bieten dir eine große Auswahl. Ein Besuch in einem hauswirtschaftlichen oder sozialen Betrieb gibt dir weitere interessante Einblicke, die deine Entscheidung für ein Berufsfeld erleichtern sollen. Im Vergleich mit dem privaten Haushalt kannst du gemeinsame Aufgaben feststellen.

4.1 Berufsfindung

Folgende Überlegungen kannst du dir vor der Wahl eines zu dir passenden Berufes stellen.

Rezeptvorschlag
Pfannkuchen-Wraps
(s. S. 85)

- Was kann ich gut?
- Wo liegen meine Stärken und Schwächen?
- Woran habe ich Spaß?
- Welchen Beruf kann ich mit meinem Schulabschluss erlernen?

Um die richtige Berufsauswahl zu treffen brauchst du bestimmte Schlüsselqualifikationen. Jeder Mensch besitzt bereits besondere Eigenschaften, die man in persönlichen Interessen, Neigungen, Fähigkeiten, Vorlieben, Kenntnissen, Fertigkeiten und Begabungen erkennen kann. Noch nicht vorhandene Eigenschaften, kannst du dir später noch aneignen.

1) **Lies dir die Schlüsselqualifikationen genau durch!**
2) **Überlege dir zu den Schlüsselqualifikationen ein Beispiel aus deinem Lebensumfeld! (Höflichkeit → Ich grüße meinen Lehrer auf dem Flur.)**

Kooperationsfähigkeit   Problemlösungsfähigkeit   Mobilität

Teamgeist   Verantwortung

Initiative   Zielorientierung   Interkulturelles Verständnis

Loyalität   Denken in Zusammenhängen

Schlüsselqualifikationen

Personalkompetenzen	Sozialkompetenzen	Fach- und Methodenkompetenzen
Pünktlichkeit	Toleranz	Arbeitstechnik
Zuverlässigkeit	Hilfsbereitschaft	Geschicklichkeit
Selbstständigkeit	Teamfähigkeit	logisches Denken
Einfühlungsvermögen	Konfliktverhalten	räumliches Vorstellungsvermögen
Höflichkeit	Kompromissbereitschaft	Sprachkompetenz
Verantwortungsbewusstsein	Kommunikationsfähigkeit	

Lernziel erreicht?

Übertrage die Tabelle und vervollständige sie mit den passenden Schlüsselqualifikationen, die auf dich zutreffen!

Diese Schlüsselqualifikationen besitze ich schon!	An diesen Schlüsselqualifikationen muss ich noch arbeiten!

Mitgedacht

1. Begründe, weshalb der Arbeitgeber bei Einstellungstests das Vorhandensein von Schlüsselqualifikationen überprüft!
2. Nimm Stellung zu folgender Aussage: „Man wächst mit seinen Aufgaben.“!

4.2 Berufsfelderkundung

Wie du bestimmt schon aus AWT weißt, sind Berufe in verschiedene Sparten unterteilt.

1. Notiere mindestens acht Berufe, die deiner Meinung nach zum Berufsfeld Hauswirtschaft oder Soziales gehören.
2. Recherchiere auch bei der Arbeitsagentur – im Beratungsgespräch oder auf deren Homepage.
3. Informiere dich in Kapitel 3 über den Aufbau von Leittexten.
4. Lies dir den folgenden Leittext genau durch und bearbeite ihn in deiner Gruppe in den nächsten Wochen!

Rezeptvorschlag
Nussschnecken aus Quarkölteig
(s. S. 87)

Berufsfelderkundung im Fach Soziales

An eurer Schule findet ein Berufsinformationstag statt.
Informiert euch in der nächsten Sequenz über Berufe im Berufsfeld Hauswirtschaft und Soziales. Außerdem sollt ihr verschiedenes Fingerfood herstellen und dabei besonderen Wert auf das Anrichten und Garnieren legen.

Das müsst ihr heute tun:

1. Zuerst informiert ihr euch in eurer Gruppe über hauswirtschaftliche oder soziale Berufe.
2. Anschließend wählt ihr zu zweit einen Beruf aus.
3. Danach erstellt jeder von euch einen Entwurf für das Plakat mit folgenden Inhalten zur Wahl:
   Voraussetzungen/Aufgaben/Tätigkeiten/Ausbildungsdauer/Arbeitszeiten/ Verdienst/ Weiterbildungsmöglichkeiten/Aufstiegschancen/Spezialisierung
4. Jeder von euch erstellt auch ein Informationsblatt für seine Mitschüler.
5. Bereitet euch auf euren Vortrag vor.
6. Wählt in der Gruppe je ein pikantes und ein süßes Fingerfood-Rezept aus.
7. Schreibt eine Einkaufsliste für das gewählte Rezept.
8. Organisiert den Einkauf und notiert auch benötigte Materialien zum besonderen Anrichten und Garnieren. Eurer Gruppe steht ein Budget von 10,00 € zur Verfügung.
9. Jede/Jeder von euch erstellt einen Organisationsplan für sein Gericht.
10. Verteilt die Arbeiten gerecht und schätzt die Zeiten ein. Danach schreibt jeder von euch einen Zeit- und Arbeitsplan.
11. Am Präsentationstag stellt ihr in der Gruppe das Fingerfood her, einzeln stellt ihr den Beruf vor und gebt die Projektmappe ab.

Jeder erstellt seine eigene Projektmappe mit folgendem Inhalt:

- Deckblatt
- Inhaltsverzeichnis
- Plakatentwurf
- Informationsblatt
- Rezepte
- Einkaufsliste
- Organisationsplan
- Zeit- und Arbeitsplan
- Quellenhinweise

Lernziel erreicht?

Vervollständige die Tabelle nach der Präsentation!

Beruf	Hauswirtschafter/in
Berufsfeld	
Anforderungen	
Aufgaben	
Sonstiges	

MUSTER

Mitgedacht

1. Notiere zu jedem Beruf die dazu benötigten Schlüsselqualifikationen!
2. Recherchiere, welche beruflichen Aufgaben ein/e Hauswirtschafter/in hat!
3. Überlege Fragen für ein Interview mit einem/einer Altenpfleger/in!

Berufsfeld Soziales

Im Berufsfeld Soziales geht es um den Umgang und die Pflege von Menschen.

Sozialpädagogische/r Assistent/in oder Kinderpfleger/in

Arbeitsplatz
Kinderkrippen, Kindergärten, Hort

Anforderungsprofil
- Betreust du gerne Kleinkinder, Kinder und Jugendliche?
- Interessierst du dich für das Befinden von Kindern und Jugendlichen?
- Möchtest du Kinder und Jugendliche gerne in ihrer Entwicklung unterstützen?
- Kannst du dir vorstellen, Kleinkinder und Kinder zu pflegen?
- Führst du gerne Aktivitäten mit Kindern und Jugendlichen durch?

Ausbildungsdauer
2 bis 3 Jahre an Berufsfachschulen

Erzieher/in

Arbeitsplatz
Kinderkrippen, Kindergärten, Hort, Wohnheime, Heime

Anforderungsprofil
- Betreust du gerne Kleinkinder, Kinder und Jugendliche?
- Übernimmst du gerne leitende, verantwortungsvolle Aufgaben?
- Bist du bereit, mit Eltern zusammen zu arbeiten und zu beraten?
- Kannst du Aufgaben einteilen, organisieren und Mitarbeiter anleiten?
- Organisierst du gerne Aktivitäten mit Kindern und Jugendlichen?

Ausbildungsdauer
2 bis 4 Jahre an Berufsfachschulen und Fachakademien

Altenpflegehelfer/in, Gesundheits- und Krankenpflegehelfer/in

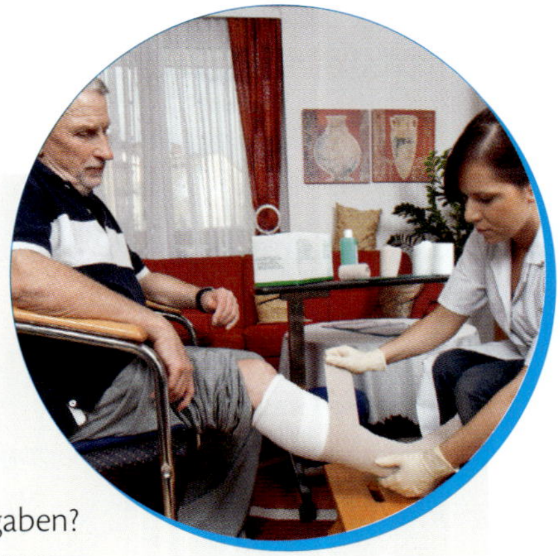

Arbeitsplatz

Pflege- und Rehabilitationskliniken, Altenwohn- und Pflegeheime, betreutes Wohnen, Ambulante Pflegedienste

Anforderungsprofil

- Arbeitest du gerne mit Menschen zusammen?
- Übernimmst du gerne pflegende und helfende Aufgaben?
- Kannst du dir vorstellen, Menschen bei der Bewältigung von Alltagssituationen zu unterstützen?
- Organisierst du gerne Programme zur Freizeitgestaltung?

Ausbildungsdauer

1 Jahr an Berufsfachschulen

Altenpfleger/in, Gesundheits- und Krankenpfleger/in

Arbeitsplatz

Krankenhäuser, Pflege- und Rehabilitationskliniken, Altenwohn- und Pflegeheime, betreutes Wohnen, Ambulante Pflegedienste

Anforderungsprofil

- Berätst und betreust du gerne Menschen?
- Übernimmst du gerne medizinisch-pflegerische Aufgaben?
- Organisierst du gerne Programme zur Freizeitgestaltung?
- Kannst du dir die Zusammenarbeit mit Familienangehörigen, Pflegepersonal und Ärzten vorstellen?
- Übernimmst du gerne organisatorische und verwaltende Aufgaben?

Ausbildungsdauer

3 bis 5 Jahre an Berufsfachschulen

Berufsfeld Hauswirtschaft

Im Berufsfeld Hauswirtschaft geht es um die Arbeit in Großbetrieben und der Gastronomie, aber auch im privaten Haushalt.

Hauswirtschafter/in

Arbeitsplatz

Institutionen für Betreutes Wohnen, Altenpflegeheime, Heime, private Haushalte, kirchliche Einrichtungen, Tagesstätten, Kantinen, Krankenhäuser

Anforderungsprofil

- Bist du bereit, Menschen zu versorgen und hauswirtschaftlich zu betreuen?
- Bereitest du gerne Speisen zu?
- Arbeitest du gerne im Service?
- Kümmerst du dich gerne um Kinder, Senioren und kranke Menschen?

Ausbildungsdauer

3 Jahre an Berufsfachschulen oder duales System

Restaurantfachmann/-frau

Arbeitsplatz

Gasthöfe, Cafés, Diskotheken, Bars, Cateringbetriebe, Hotels, Pensionen

Anforderungsprofil

- Bist du bereit, Gäste zu betreuen?
- Arbeitest du gerne im Service?
- Bereitest du gerne Speisen zu?
- Führst du gerne Veranstaltungen durch?

Ausbildungsdauer

3 Jahre im dualen System oder an Berufsfachschulen

Koch/Köchin

Arbeitsplatz
Restaurants, Kantinen, Nahrungsmittelindustrie, Hotels, Schifffahrtsunternehmen, Krankenhäuser, Pflegeheimen, Cateringbetriebe

Anforderungsprofil
- Bereitest du gerne Speisen zu?
- Kennst du dich mit Gerichten aller Art aus?
- Kümmerst du dich gerne um den Lebensmitteleinkauf?
- Organisierst du gerne Arbeitsabläufe in der Küche?

Ausbildungsdauer
3 Jahre im dualen System oder an Berufsfachschulen

Bäcker/in, Konditor/in

Arbeitsplatz
Konditoreien, Bäckereien, Nahrungsmittelindustrie, Confiserien, Patisserie von Hotels und Restaurants, Cafés

Anforderungsprofil
- Bist du bereit, Backwaren, Kleingebäck, Torten, Kuchen und Pralinen herzustellen?
- Bereitest du gerne Teige zu?
- Formst und verzierst du gerne Gebäck, Torten und Pralinen?
- Arbeitest du gerne kreativ und sorgfältig?
- Bist du bereit, mit Kunden zusammenzuarbeiten?

Ausbildungsdauer
3 Jahre im dualen System

Lernziel erreicht?

Welche Fragen stellst du dir nach der Berufswahl?

Mitgedacht

1. Wie bereitest du dich auf ein Bewerbungsgespräch in einem Betrieb vor?
2. Welche Fragen könnte dir der Personalchef stellen?
3. Überlege dir auch Fragen, die du dem Personalchef stellen kannst!

4.3 Betriebserkundung

Es gibt Betriebe, die sowohl den hauswirtschaftlichen als auch den sozialen Arbeitsbereich abdecken. Wenn du dich in einem solchen Betrieb informierst, erhältst du einen guten Einblick in die Arbeits- und Tätigkeitsbereiche der verschiedenen Berufsfelder.

Rezeptvorschlag
Hackfleischtarte
(s. S. 75)

1) **Recherchiere im Internet über den Betrieb!**
2) **Überlege dir Fragen, die du dem Fachpersonal stellen kannst!**
3) **Wie verhältst du dich während der Betriebserkundung?**

So kannst du deine Eindrücke reflektieren

- Welche Berufe hast du in dem Betrieb kennen gelernt?
- Könntest du dir vorstellen, in einem dieser Berufe zu arbeiten? Begründe!
- Was hat dir im Betrieb besonders gut gefallen?
- Was hat dir im Betrieb weniger gut gefallen?
- Könntest du dir vorstellen, ein Praktikum in diesem Betrieb abzuleisten?
- Welche weiteren Eindrücke haben dich während des Aufenthalts begleitet?

Lernziel erreicht?

Notiere deine Eindrücke aus der Betriebserkundung!

Mitgedacht

Verfasse einen Artikel über die Betriebserkundung für die Schülerzeitung oder die Schulhomepage!

4.4 Privater Haushalt

Im privaten Haushalt gibt es jede Menge zu tun. Die Tätigkeiten werden meistens nur unter wenigen Menschen aufgeteilt.

Rezeptvorschlag
Kartoffelpuffer mit Apfelmus
(s. S. 79)

1) Erstelle eine Mindmap über Tätigkeiten, die im privaten Haushalt anfallen!
2) Lies dazu auch den Tagesablauf von Familie Vielbeschäftigt auf der nächsten Seite!
3) Welche Aufgaben übernimmst du zu Hause?

Tagesablauf von Familie Vielbeschäftigt

6:00 Uhr	aufstehen, Pausenbrote herrichten
6:30 Uhr	Kinder und Opa wecken
6:50 Uhr	gemeinsames Frühstück
7:15 Uhr	Abfahrt Schulbus
7:30 Uhr	Opa versorgen
8:00 Uhr	Küche aufräumen
8:15 Uhr	Betten machen
8:30 Uhr	den Hund ausführen
9:15 Uhr	Bad putzen, Zimmer saugen, Wäsche waschen, bügeln
11:00 Uhr	Einkaufen gehen
12:00 Uhr	Mittagessen zubereiten
13:15 Uhr	Kinder kommen von der Schule, gemeinsames Mittagessen
14:00 Uhr	Hausaufgaben betreuen, Kinder beschäftigen, spielen
16:30 Uhr	Kinder zum Sport bringen
18:00 Uhr	Abendessen herrichten, gemeinsames Abendessen
19:00 Uhr	Hausaufgaben kontrollieren
20:00 Uhr	Kinder ins Bett bringen
21:00 Uhr	Wohnung aufräumen
23:00 Uhr	Tagesende

Lernziel erreicht?

1. Notiere einen Tagesablauf bei dir zu Hause!
2. Überlege dir, wer welche Aufgaben in deiner Familie übernehmen könnte!
3. Vervollständige die Tabelle mit den zutreffenden Tätigkeiten!

Uhrzeit	Mutter	Vater	Kind 1	Kind 2

Mitgedacht

1. Notiere, welche Arbeiten sowohl im privaten Haushalt als auch in Großbetrieben anfallen!
2. Ordne die Tätigkeiten im privaten Haushalt den Berufen zu!
3. Nimm Stellung zu der Aussage „Hausfrau/Hausmann ist kein Beruf."!

4.5 Generationen begegnen sich

Jede Gesellschaft besteht aus mehreren Generationen: Kinder, Eltern, Großeltern und Urahnen. Die Lebensweise von jüngeren und älteren Menschen sind meistens verschieden. Aussprüche wie „Früher war alles anders." oder „Das hätte es zu meiner Zeit nicht gegeben." hast du bestimmt schon gehört.

1) Überlege in Gruppenarbeit Unterschiede zum Thema „Schule früher und heute"!
2) Lies dir den Leittext genau durch und bearbeite ihn in den nächsten Wochen!

Groß-Eltern-Tag

An eurer Schule findet ein Groß-Eltern-Tag statt. Sorgt für ein pikantes Büfett und erstellt für eure Gäste eine Sammlung mit euren Lieblingsrezepten. Außerdem tauscht ihr euch über das Thema **„Schule früher und heute"** aus.

Das müsst ihr tun:

1) Zuerst überlegt ihr euch, wen ihr einladen wollt, und informiert die Gäste!
2) Sammelt mit eurer Gruppe Rezepte für das pikante Büfett!
3) Notiert eure Vorschläge und entscheidet euch gemeinsam für zwei Speisen!
4) Danach schreibt ihr gemeinsam eine Einkaufsliste und organisiert den Einkauf!
5) Teilt alle Aufgaben in einem Arbeitsplan ein und schreibt den Organisationsplan!
6) Befrage deine Eltern oder Großeltern zum Thema „Schule früher und heute"!
7) Erstelle dazu mit deiner Gruppe eine Präsentation!
8) Jeder von euch erstellt sein Lieblingsrezept für die Rezeptsammlung!
9) Am Durchführungstag stellt ihr gemeinsam die Gerichte für das Büfett her, präsentiert eure Ergebnisse zum Thema und überreicht euren Gästen die Rezeptsammlung!
10) Abschließend reflektiert jeder seine Arbeit und gibt seine eigene Projektmappe ab!

Jeder erstellt seine eigene Projektmappe mit folgendem Inhalt:

Deckblatt, Inhaltsverzeichnis, Rezepte, Einkaufsliste, Arbeitsplan, Organisationsplan

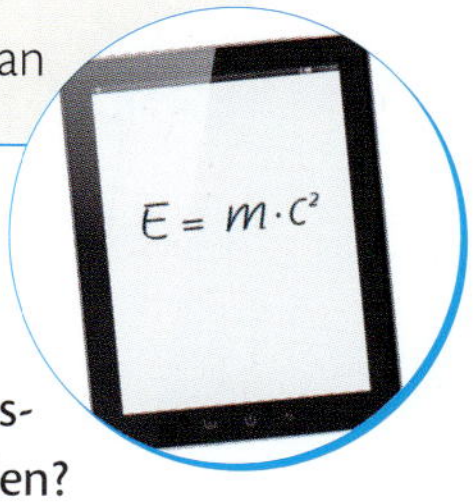

Lernziel erreicht?

Reflektiere den Groß-Eltern-Tag mit den Fragen: Was hat dich am meisten interessiert oder war neu für dich? Worauf bist du stolz? Was ist dir schwer/leicht gefallen?

Mitgedacht

Verfasse einen Artikel über die Betriebserkundung für die Schulhomepage!

1) Notiere Betriebe, die du besichtigen könntest, um deine Erfahrungen mit Menschen verschiedener Generationen zu vertiefen!
2) Zähle Schlüsselqualifikationen auf, die du durch die Begegnung mit anderen Generationen aufbauen kannst!

5 Geräte in der Küche – richtig eingesetzt!

Zur Zubereitung der verschiedenen Gerichte sind oftmals technische Geräte und Kochutensilien notwendig. Den Spritzbeutel verwendest du, um Speisen zu verschönern. Das Waffeleisen benötigt die richtige Handhabung und Pflege. Mit dem Pürierstab veränderst du die Beschaffenheit von Gerichten. Um Nährstoffe in den Lebensmitteln zu schonen, ist der Einsatz des Dampfdrucktopfs sowie des Woks sinnvoll. Weitere sehr hilfreiche Küchengeräte sind die Mikrowelle und die Spülmaschine.

5.1 Spritzbeutel

Wie du schon weißt, isst das Auge beim Anrichten der Speisen mit. Das bedeutet, dass ein schön präsentiertes Gericht auch gern verspeist wird. Der Spritzbeutel findet vor allem bei der Garnierung von Nachspeisen Verwendung.

Rezeptvorschlag
Bunter Dessertteller
(s. S. 89)

1) Schau dir die Bilder an!
2) Erkläre mit eigenen Worten, wie du mit dem Spritzbeutel arbeitest!
3) Recherchiere, welche Spritzbeuteleinsätze es gibt!

Umgang mit dem Spritzbeutel

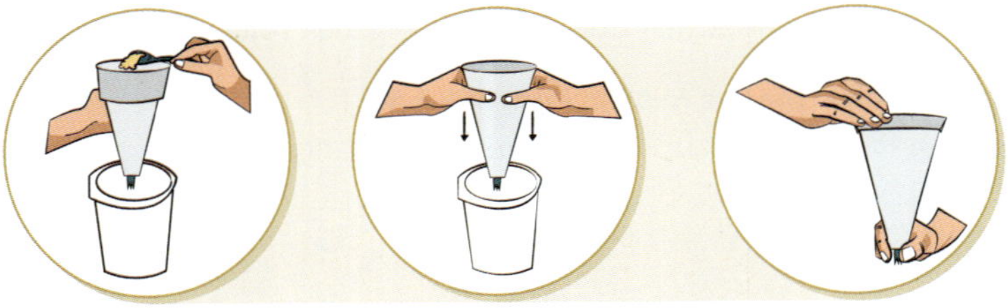

Lernziel erreicht?

1) Formuliere Regeln zum Umgang mit dem Spritzbeutel!
2) Begründe, weshalb die richtige Reinigung und Pflege notwendig ist!

Mitgedacht

1) Recherchiere im Internet über die Gebäckspritze und vergleiche sie mit dem Spritzbeutel!
2) Überlege Vor- und Nachteile im Umgang!

5.2 Waffeleisen

Um Waffeln herstellen zu können, benötigst du ein Waffeleisen. Damit dieses Gerät lange einsatzbereit ist, gibt es einiges zu beachten.

Rezeptvorschlag
Süße Waffeln
(s. S. 88)

1) Lies dir die Anleitung genau durch und sieh dir die Bilder an!
2) Setze das Waffeleisen fachgerecht ein!

Umgang mit dem Waffeleisen

1. Öle die Backflächen leicht ein und heize das Gerät vor!	
2. Fülle den Teig ein und schließe das Waffeleisen!	
3. Lege die fertigen Waffeln auf ein Kuchengitter!	

Reinigung und Pflege

1. Stecke das Gerät nach Gebrauch sofort aus!
2. Wische das ausgekühlte Gerät mit Küchenpapier sauber ab!
3. Reinige das Gehäuse mit einem Spültuch und wickle das Kabel auf!

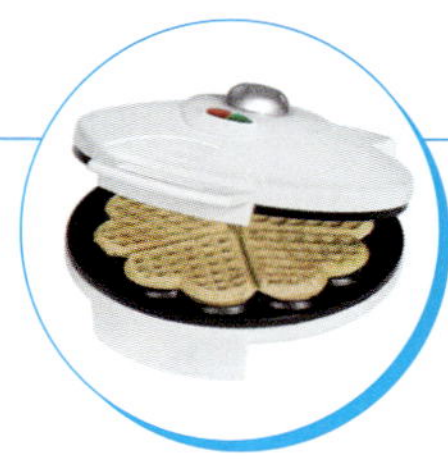

Lernziel erreicht?

Beschreibe mit eigenen Worten, wie du mit dem Waffeleisen arbeitest!

Mitgedacht

Notiere Möglichkeiten, wie du Waffeln ansprechend garnieren kannst!

5.3 Pürierstab

Den Pürierstab verwendest du, wenn die Beschaffenheit eines Lebensmittels oder einer Speise verändert werden soll. Auch Flüssigkeiten wie Suppen, Soßen oder Getränke können noch besser vermischt oder aufgeschäumt werden. Der Vorteil eines elektrischen Pürierstabs liegt in der einfachen Handhabung und Reinigung.

Rezeptvorschlag
Gemüsecremesuppe (s. S. 74), Nudeln mit Pesto (s. S. 78), Tomatensalat (s. S. 74)

1) Lies dir die Arbeitsschritte genau durch!
2) Setze den Pürierstab fachgerecht ein!

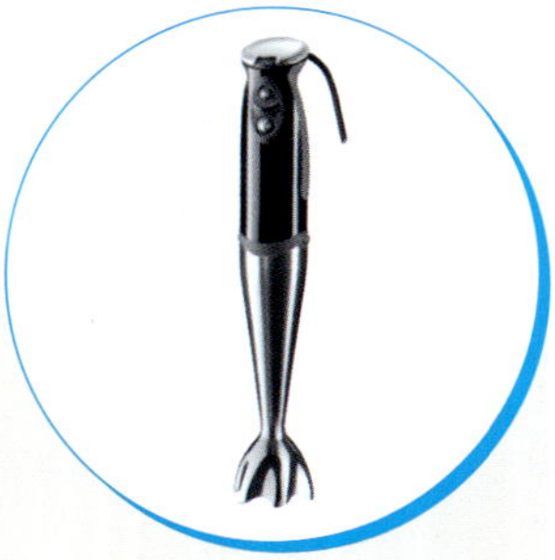

Umgang mit dem Pürierstab

1) Zerkleinere die Lebensmittel! Sie müssen weich sein.
2) Verwende ein hohes Gefäß! Schalte langsam hoch!
3) Püriere die Lebensmittel portionsweise!
4) Stecke das Gerät nach Gebrauch sofort aus!
5) Reinige nur das Messer im Spülwasser!
6) Wische das Gehäuse leicht feucht ab!

Lernziel erreicht?

1) Formuliere Regeln zum sicherheitsbewussten Einsatz des Pürierstabs!
2) Notiere Gerichte, bei denen der Einsatz des Pürierstabs sinnvoll ist!

Mitgedacht

Vergleiche die Verwendung und Reinigung des Pürierstabs mit dem Passiersieb und dem Standmixer!

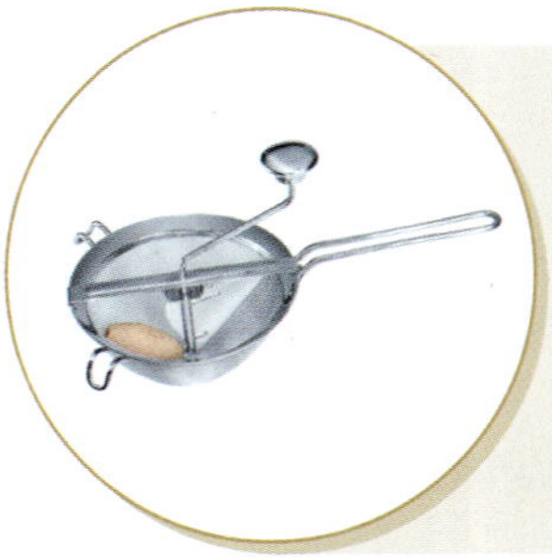

5.4 Dampfdrucktopf

Der französische Arzt und Physiker Denis Papin erfand das Kochen mit gespanntem Dampf, das Dampfdruckgaren. 1679 konstruierte er den Papin´schen Topf, einen Dampfdruck-Kochtopf mit Sicherheitsventil, der dir heute als Dampfdrucktopf bekannt ist.

Rezeptvorschlag
Ungarische Gulaschsuppe (s. S. 82)

1 Benenne die Teile des Dampfdrucktopfs mithilfe der Bedienungsanleitung!
2 Übe das Öffnen und Schließen des Dampfdrucktopfs!
3 Beschreibe die Funktionsweise des Dampfdrucktopfs!
4 Informiere dich auf S. 102 über das Garverfahren Dampfdruckgaren!

Funktionsteile

Bedienung

1. Fülle mindestens ¼ l Flüssigkeit ein!
2. Wische den Topfrand sauber ab!
3. Überprüfe den Dichtungsring und den Druckanzeiger!

4. Setze die Markierung am Griff und Deckel übereinander!
5. Verschließe den Topf!

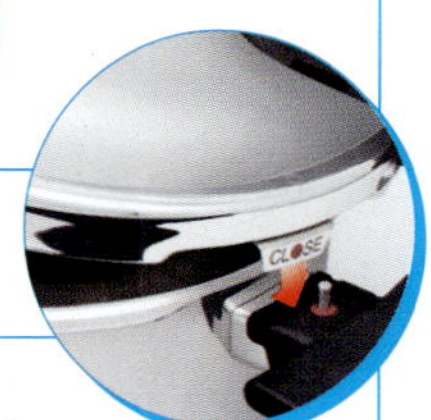

6. Stelle den Kochregler auf die gewünschte Stufe!

7. Koche auf höchster Stufe an!
8. Warte bis der gewünschte Ring erscheint!

   Schongaren: 1. Ring erscheint
   Intensivgaren: 2. Ring ist sichtbar

9. Jetzt beginnt die Garzeit! Schalte sofort zurück!

Öffnen

Da sich nach der Garzeit noch Dampf und Druck im Topfinneren befinden, musst du dich beim Öffnen des Dampfdrucktopfs an die Sicherheitsregeln halten. Nimm den Topf auf jeden Fall von der Herdplatte und öffne den Topf erst, wenn sich der Druckanzeiger vollständig abgesenkt hat. Du hast dafür drei Möglichkeiten:

Rezeptvorschlag
Kartoffel-Paprika-Topf
(s. S. 80)

Lasse den Dampfdrucktopf abkühlen!

Stelle den Dampfdrucktopf in das leere Spülbecken und überbrause ihn mit kaltem Wasser!

Dampfe den Dampfdrucktopf mithilfe des Kochreglers vorsichtig ab!

Funktionsweise

Durch die zugegebene Flüssigkeit, kann sich unter Hitze Dampf entwickeln und Druck entstehen. Der Druck bewirkt, dass der Sauerstoff durch das Druckventil nach außen entweicht. Danach schließt sich das Druckventil automatisch und im dicht verschlossenen Topf steigt der Druck. Dadurch siedet die Flüssigkeit nicht nur bei 100 °C wie im herkömmlichen Topf, sondern bei ungefähr 116 °C. Dieser kleine Temperaturunterschied ermöglicht es, die Garzeit um bis zu 70 % zu reduzieren. So werden Nährstoffe wie Vitamine und Mineralstoffe geschont und gleichzeitig der Stromverbrauch verringert.

Lernziel erreicht?

1. Notiere die Vor- und Nachteile der Garmachungsart Dampfdruckgaren!
2. Vergleiche die Zubereitung von Salzkartoffeln im herkömmlichen Topf und im Dampfdrucktopf!
3. Begründe, weshalb sich die Zubereitung von Spaghetti oder Fischfilet im Dampfdrucktopf nicht eignet!

Mitgedacht

Der Anschaffungspreis für einen Dampfdrucktopf ist meist höher als für einen herkömmlichen Topf. Überlege, wann sich diese Anschaffung lohnt!

5.5 Wok

Der Wok ist ein traditionelles, asiatisches Kochgeschirr, mit einer langen Tradition. Meistens wird er aus Gusseisen oder Edelstahl hergestellt, es gibt auch elektronische Woks zu kaufen. Besonders geeignet ist er für Gerichte mit frischem, zerkleinertem Gemüse, Fleisch und Fisch.

Rezeptvorschlag
Chop Suey (s. S. 83)

Das Fett ist heiß genug, wenn sich beim Eintauchen eines Kochlöffels oder eines Holzstäbchens in das Fett viele Bläschen daran sammeln.

Gerichte immer gut abtropfen lassen.

1) **Informiere dich über das Pfannenrühren im Wok!**
2) **Lies die Beschreibung zum Garverfahren Pfannenrühren auf S. 103!**

Pfannenrühren

Die Lebensmittel werden beim Pfannenrühren mit einem Holzkochlöffel nur kurz mit dem heißen Pfannenboden in Berührung gebracht und bleiben ständig in Bewegung. So wird das Gemüse in kurzer Zeit und mit wenig Öl bissfest gegart. Die Farbe, das Aussehen und die Beschaffenheit bleiben erhalten, Vitamine und Mineralstoffe werden geschont.

Tipps

- Schneide alle Zutaten in mundgerechte Stücke und stelle sie bereit!
- Beginne mit den Zutaten, die die längste Garzeit haben!
- Schiebe fertige Lebensmittel am Wokrand hoch!
- Verwende typische asiatische Gewürze wie Ingwer, Sojasoße oder Chili!
- Serviere als Beilage Reis oder Glasnudeln!

Lernziel erreicht?

Formuliere Vorteile der Garmethode Pfannenrühren!

Mitgedacht

Vergleiche das Garen im Wok mit der Zubereitung eines Gerichts in einer herkömmlichen Pfanne!

5.6 Mikrowelle

Der Amerikaner Percy Spencer entdeckte während seiner Arbeit an einem Radargerät, dass sein Schokoladenriegel durch Mikrowellenstrahlung in der Tasche geschmolzen war. Popcorn war das erste Nahrungsmittel, das in einer Mikrowelle zubereitet wurde.

Rezeptvorschlag
Mandel-Schokoladen-Pudding (s. S. 91)

1. **Informiere dich über die Funktionsweise der Mikrowelle!**
2. **Lies die Beschreibung zum Mikowellengaren auf S. 103!**

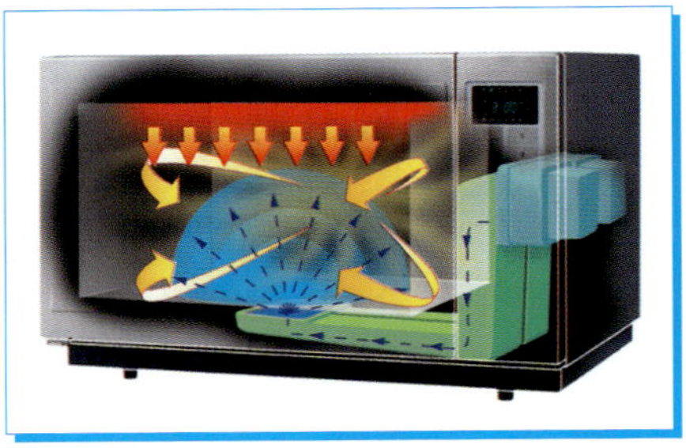

Funktionsweise

Die Lebensmittel werden durch elektromagnetische Wellen erhitzt, die vom Magnetron im Gerät erzeugt werden. Diese Mikrowellen breiten sich im Gerät aus und dringen von außen nach innen in das Lebensmittel ein. Die vorhandenen Flüssigkeitsteilchen im Lebensmittel kommen in Bewegung, reiben aneinander und erzeugen dadurch Wärme. Die Lebensmittel werden heiß.

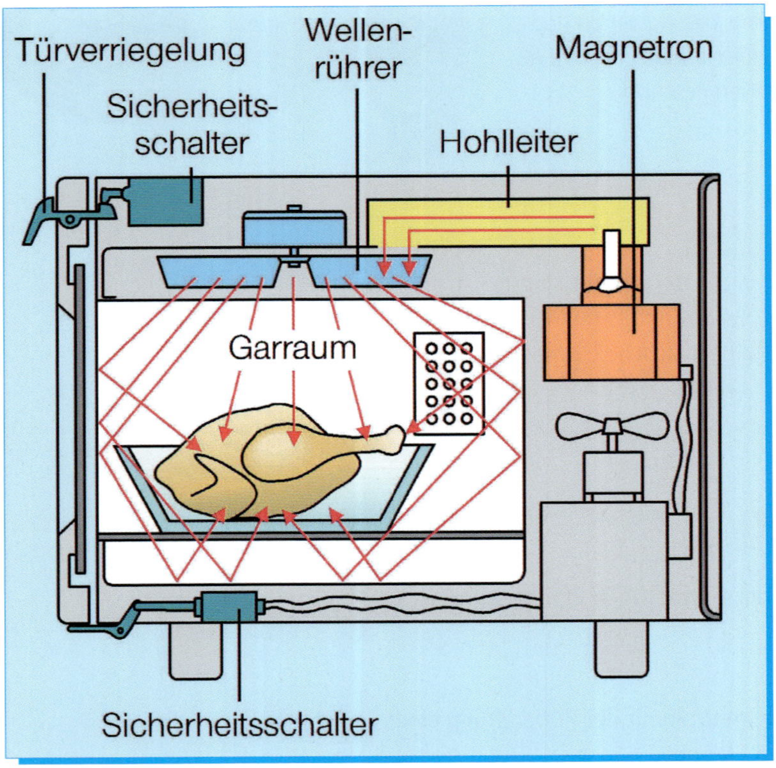

Bedienung

Du musst bei der Mikrowelle immer die gewünschte Wattzahl und die Zeit einstellen. Mit der Wattzahl bestimmst du die Stärke der Hitzeentwicklung. Du kannst die Lebensmittel schmelzen, erwärmen oder auftauen. Sogar das Garen von kleinen Portionen ist möglich. Ob das Gerät mit einer Grillfunktion ausgestattet ist, kannst du in der Bedienungsanleitung nachlesen. Dort findest du auch Angaben zur Bedeutung der Symbole. Metall in der Mikrowelle führt zu Funkenbildung und beschädigt das Gerät. Du darfst nur mikrowellengeeignetes Geschirr wie Porzellan, Glas oder gekennzeichnetes Kunststoffgeschirr verwenden.

Dieses Zeichen findest du auf mikrowellengeeignetem Kunststoffgeschirr.

Tipps

- Stelle die Lebensmittel in die Mitte des Geräts!
- Decke die Lebensmittel immer ab!
- Erwärme nur kleine Portionen und rühre zwischendurch um!
- Taue auf niedriger Stufe auf!
- Beachte die Zubereitungshinweise auf der Lebensmittelverpackung!

Lernziel erreicht?

1) Notiere stichpunktartig die Funktionsweise der Mikrowelle!
2) Zähle mikrowellengeeignetes Geschirr auf!
3) Informiere dich in der Bedienungsanleitung der Mikrowelle über die Funktionen!

Mitgedacht

1) Erkläre, weshalb die Lebensmittel in der Mikrowelle immer abgedeckt werden müssen!
2) Überlege Vorteile für den Einsatz der Mikrowelle!
3) Kannst du dir vorstellen, warum manche Menschen gesundheitliche Bedenken zum Einsatz der Mikrowelle äußern?

5.7 Spülmaschine

Ein nützlicher Helfer im Haushalt ist die Spülmaschine.
Sie spart Zeit und arbeitet sehr hygienisch.

Informiere dich in der Bedienungsanleitung über die Spülmaschine!

Rezeptvorschlag
Mexikanisches Maisgericht (s. S. 81)

Funktionsteile

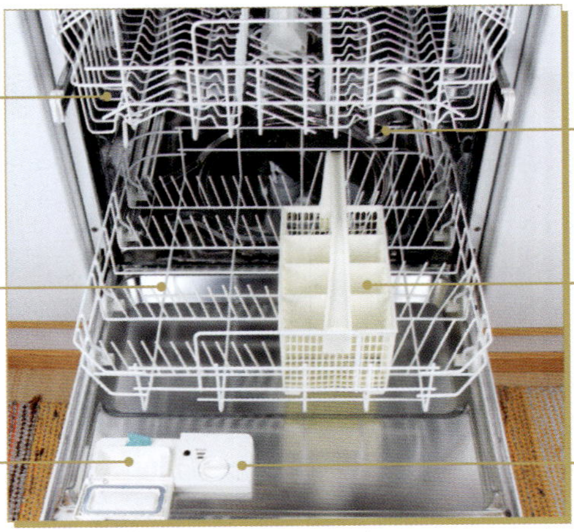

Aus- und Einräumen

- Beginne mit dem Ausräumen im oberen Geschirrkorb!
- Entferne alle Essensreste vor dem Einräumen!
- Spüle das Geschirr unter fließendem Wasser vor!
- Lege leichte und flache Teile in den oberen Geschirrkorb!
- Räume hohe und schwere Teile in den unteren Geschirrkorb!
- Stelle das Besteck mit dem Griff nach unten in den Besteckkorb!
- Kontrolliere, dass sich der Sprüharm frei bewegen kann!
- Fülle bei Bedarf Salz und Klarspüler auf!

Lernziel erreicht?

Ordne alle benötigten Geschirr- und Besteckteile dem oberen und unteren Geschirrkorb sowie dem Besteckkorb zu!

Mitgedacht

Recherchiere im Internet über das Angebot von Spülmaschinenreinigern!

6 Deine Gesundheit – so hältst du dich fit!

In der Ernährungspyramide ist dargestellt, wie du alle Lebensmittel in einer ausgewogenen Menge zu dir zu nehmen kannst. Die Kampagne 5 am Tag gibt dir Tipps zur Deckung deines Tagesbedarfs an Vitaminen, Mineralstoffen und Ballaststoffen. In der mediterranen Küche wird besonderes Augenmerk auf die Ernährungsweise in den Mittelmeerländern gelegt. Auch das schnelle und langsame Essen hat Einfluss auf dein Wohlbefinden.

6.1 Ernährungspyramide

Die deutsche Gesellschaft für Ernährung (DGE) ist eine Gemeinschaft, die Richtlinien und Empfehlungen für eine gesunde Lebensweise erstellt. Diese sind unter anderem in einer Ernährungspyramide dargestellt, die du bereits aus PCB kennst.

Rezeptvorschlag
Pizza Fantasia (s. S. 86),
Fitness-Salat (s. S. 72),
Tropical-Cocktail (s. S. 71)

1) Betrachte den Aufbau der Ernährungspyramide!
2) Benenne die verschiedenen Lebensmittelgruppen!
3) Gestalte deine eigene Ernährungspyramide, mit weiteren Beispielen!

Lernziel erreicht?

1) Formuliere 3 Ernährungsregeln unter Beachtung der Ampelfarben!
2) Stelle ein dreigängiges Fitmacher-Menü unter Einhaltung der Ernährungsregeln zusammen!

Mitgedacht

1) Begründe, weshalb die Getränke das Fundament der Ernährungspyramide bilden!
2) Vergleiche den Aufbau der Ernährungspyramide mit dem Ernährungskreis!

6.2 Fünf am Tag

Die Kampagne wurde ins Leben gerufen, um es den Menschen zu erleichtern, sich mit Obst und Gemüse zu ernähren. Dabei wird besonderer Wert auf eine abwechslungsreiche Auswahl und kreative Zusammenstellung des vielfältigen Obst- und Gemüseangebotes gelegt.

Rezeptvorschlag
Bunte Fruchtspieße (s. S. 89),
Gemüsesticks (s. S. 84),
Alkoholfreie Bowle (s. S. 70)

Welche Ziele verfolgt die Kampagne 5 am Tag?

Der Grundsatz hierbei lautet: Iss 5 Mal am Tag eine Portion Obst und Gemüse!

Obst und Gemüse liefern deinem Körper wichtige Inhaltsstoffe wie Vitamine, Mineralstoffe, Spurenelemente, Ballaststoffe und sekundäre Pflanzenstoffe. Sie stärken dein Immunsystem, unterstützen die Verdauung und schützen dich vor Krankheiten. Deshalb sind diese Inhaltsstoffe lebensnotwendig, man sagt auch essentiell.

5 am Tag
OBST & GEMÜSE

Viele Krankheiten wie Übergewicht und Herz-Kreislauferkrankungen entstehen durch eine falsche Ernährung und Lebensweise über viele Jahre hinweg. Das will die Kampagne 5 am Tag verhindern. Das wichtigste hierbei ist es, die Freude am Essen zu erhalten und die Vielfalt der Lebensmittelgruppen Obst und Gemüse aufzuzeigen und in den Alltag einzubauen.

So kannst du mitmachen

- Verzehre 3 Portionen Gemüse und 2 Portionen Obst am Tag!
- Bevorzuge rohes Obst und Gemüse!
- Nimm jeweils eine Hand voll Obst und Gemüse!
- Trinke auch reine Frucht- oder Gemüsesäfte!

Lernziel erreicht?

1) Notiere, wovor dich eine ausgewogene Ernährung mit Obst und Gemüse schützt!
2) Stelle deinen eigenen 5-am-Tag-Plan auf!

Mitgedacht

1) Notiere alle Inhaltsstoffe, die Obst und Gemüse liefern und deren Wirkung!
2) Recherchiere im Internet über die Initiative 5 am Tag!

6.3 Mediterrane Küche

Eine Studie der Weltgesundheitsorganisation hat festgestellt, dass die Menschen, die sich von der Mittelmeerküche ernähren, viel weniger an Übergewicht oder Herz-Kreislauferkrankungen leiden. Vermutlich liegt das an den unterschiedlichen Lebens- und Ernährungsgewohnheiten. Die mediterrane Ernährung findest du auch in unseren Essgewohnheiten wieder.

Rezeptvorschlag
Mediterranes Gemüse mit Reis und Joghurtsoße (s. S. 80)

1) Erkläre den Begriff „mediterran"!
2) Finde in Partnerarbeit Länder, die am Mittelmeer liegen!
3) Schlage auch im Weltatlas nach und nutze dein Vorwissen aus GSE!

Kennzeichen

- Verarbeite viel frisches Obst und Gemüse!
- Verzehre reichlich Hülsenfrüchte und Getreide!
- Nimm auch Fisch und Meeresfrüchte zu dir!
- Bevorzuge das Fleisch von Schaf, Ziege, Geflügel und Rind!
- Verwende frische Kräuter wie Rosmarin, Thymian, Oregano oder Basilikum!
- Verwende kaltgepresstes Olivenöl und verzichte auf tierische Fette!
- Setze schonende Garmachungsarten mit kurzen Garzeiten ein!
- Würze die Speisen mit reichlich frischen Kräutern!

Lernziel erreicht?

Überlege dir Gründe, die für eine mediterrane Ernährung sprechen!

Mitgedacht

1. **Zähle alle europäischen Länder auf, die am Mittelmeer liegen!**
2. **Formuliere Kennzeichen der deutschen Küche und vergleiche sie mit der mediterranen Ernährung!**
3. **Stelle für folgende Länder ein dreigängiges, mediterranes Menü zusammen! Italien – Türkei – Griechenland – Frankreich**

Rezeptvorschlag
Hamburger (s. S. 85),
Chefsalat (s. S. 72)

6.4 Fast Food

Fast Food bedeutet schnelles Essen. Viele Menschen verzehren Fast Food als Zwischenmahlzeit. Eine Zwischenmahlzeit sollte maximal 200–300 kcal (Kilokalorien) oder 835–1250 kJ (Kilojoule) haben. Der Tagesbedarf eines Jugendlichen beträgt zwischen 2400–3000 kcal (10 020–12 525 kJ).

1. **Vergleiche den Kaloriengehalt mit deinem Tagesbedarf!**
2. **Welche Gerichte zählen nicht mehr als Zwischenmahlzeit?**

Gericht	Energiegehalt	
	Kalorien	Kilojoule
Pommes frites (mittel)	333	1390
Currywurst mit Ketchup (210 g)	516	2154
Döner Kebap (290 g)	614	2563
Leberkäsesemmel (150 g)	405	1691
Hamburger	259	1081
Chicken (6 Stück)	246	1027
Pizza (1 Stück, 205 g)	476	1987

Kennzeichen

Fast Food wird in Schnellrestaurants mit Selbstbedienung und an Imbissständen angeboten. Durch die langen Öffnungszeiten kannst du rund um die Uhr bestellen. Die meisten Menschen bevorzugen Fast Food, weil sie genau wissen, was sie erwartet und es immer gleich schmeckt. Auch die auffallend bunten, großen Bilder versprechen eine gleichbleibende Qualität und regen die Kauflust sowie den Appetit an.

Die meisten Gerichte haben deshalb einen hohen Kaloriengehalt, weil sie sehr fettreich zubereitet worden sind. Die Speisen machen oft nicht lange satt. Das liegt daran, dass die stärkehaltigen Beilagen wie Brötchen, nicht aus dem vollen Korn bestehen. Wichtige Randschichten des Getreidekorns fehlen, in denen Vitamine, Mineralstoffe und Ballaststoffe enthalten sind.

Lernziel erreicht?

1. Notiere stichpunktartig die Kennzeichen von Fast Food!
2. Überdenke dein eigenes Ernährungsverhalten im Bezug auf Fast Food!

Mitgedacht

1. Du hast in der Mittagspause eine Currywurst mit Pommes gegessen. Was könnte deine Abendmahlzeit sein, wenn du an deinen täglichen Kalorienbedarf denkst?
2. Informiere dich darüber, warum stark ausgemahlenes Mehl gleichbedeutend mit „leeren Kalorien" ist!

6.5 Slow Food

Als Gegensatz zu Fast Food, dem schnellen Essen, wurde Slow Food (engl. *slow* = langsam, *food* = Essen) gegründet. Hierbei geht es um ein genussvolles, ruhiges und gemeinsames Essverhalten. Großen Wert legt man bei Tisch auf kultivierte Gespräche und eine gemütliche Atmosphäre.

Rezeptvorschlag
Buntes Kartoffelgericht (s. S. 76),
Gurkensalat (s. S. 73)

1. Erstelle ein Plakat mit den Kennzeichen von Slow Food!
2. Diskutiere in der Gruppe dein Essverhalten zu Hause!

Kennzeichen

Die Slow Food-Bewegung stammt ursprünglich aus Italien. 1986 wurde dort der erste Slow Food Verein gegründet. Als Logo für den Verein wählte der Gründer Carlo Petrini die Weinbergschnecke, die an Eingangsbereichen von Restaurants zu sehen ist.

Slow Food verfolgt im Umgang mit Lebensmitteln die Prinzipien: gut, sauber und fair.

Die Speisenauswahl ist typisch für das jeweilige Land oder die Region. Schon beim Einkauf der Lebensmittel wird darauf geachtet, dass sie aus der Umgebung stammen, möglichst frisch und naturbelassen sind. Bei der Zubereitung der Gerichte helfen alle mit. Ein schön gedeckter Tisch und garnierte Speisen sorgen für Wohlbefinden. Beim Slow Food wird langsam und mit Genuss gegessen. Über den Geschmack des Essens darf diskutiert werden, denn jeder hat seine Vorlieben und Gewohnheiten. Beim Essen spricht man über die Ereignisse des Tages und tauscht Informationen aus. Aufräumarbeiten werden gemeinsam erledigt.

Lernziel erreicht?

1) Überlege, was Carlo Petrini, Gründer und internationaler Präsident von Slow Food, mit dieser Aussage gemeint hat:
   „Ich möchte die Geschichte einer Speise kennen. Ich möchte wissen, woher die Nahrung kommt. Ich stelle mir gerne die Hände derer vor, die das, was ich esse, angebaut, verarbeitet und gekocht haben."
2) Begründe, warum der Verein die Weinbergschnecke als Symbol gewählt hat!

Mitgedacht

1) Recherchiere im Internet über die Entstehung des Vereins und finde Restaurants in deiner Umgebung, die Slow Food anbieten!
2) Notiere ein mögliches Slow Food Menü!

6.6 Natürlich esse ich Fast Food

Bearbeite den Leittext in den nächsten Wochen!
Nutze dabei dein Vorwissen aus AWT und Deutsch!

Rezeptvorschlag
Schokomuffins
(s. S. 88)

Natürlich esse ich Fast Food

Ihr führt an eurer Schule eine Befragung über den Konsum von Fast Food durch. Außerdem stellt ihr verschiedenes Fast Food selbst her.

Das müsst ihr tun:

1) Überlegt euch in der Gruppe Fragen über den Konsum von Fast Food.
2) Entwerft für die Befragung einen Fragebogen.
3) Entscheidet euch für drei Klassen, in denen ihr eine Befragung zum Konsumverhalten von Fast Food durchführt (eine fünfte, eine siebte und eine neunte Klasse).
4) Führt die Befragung durch.
5) Wertet den Fragebogen aus und stellt die Ergebnisse als Diagramm dar.
6) Informiert euch gemeinsam über Fast Food.
7) Jeder von euch erstellt eine Übersicht über das Angebot von Fast Food.
8) Sammelt passende Rezepte und entscheidet euch für zwei Gerichte, die ihr herstellen wollt.
9) Anschließend erstellt jeder von euch einen Zeit- und Arbeitsplan.
10) Jeder von euch schreibt einen Organisationsplan für sein Gericht und eine eigene Einkaufsliste.
11) Organisiert den Einkauf und beschafft die Lebensmittel. Ihr habt in der Gruppe ein Budget von 15 € zur Verfügung.
12) Am Durchführungstag stellt ihr das Fast Food selbst her.
13) Abschließend präsentiert jeder von euch die Ergebnisse.
14) Danach gibt jeder seine vollständige und sortierte Projektmappe ab.

Jeder erstellt seine eigene Projektmappe mit folgendem Inhalt:

- Deckblatt
- Inhaltsverzeichnis
- Fragebogen Fast Food
- Auswertung des Fragebogens
- Übersicht über Fast Food Angebot
- Rezepte
- Zeit- und Arbeitsplan
- Organisationsplan
- Einkaufsliste
- Reflexionsbogen
- Quellenangaben

6.7 Speisen vergleichen

Da manche Familien unter der Woche wenig Zeit haben, die Mahlzeiten frisch zuzubereiten, greifen viele Menschen gerne zu industriell hergestellten Produkten.

1. Vergleiche die Zutaten von Käsespätzle aus dem Rezeptteil mit der unten aufgeführten Zutatenliste des Fertigproduktes und notiere Unterschiede!
2. Stelle die Käsespätzle selbst her und bereite das Fertigprodukt zu!
3. Vergleiche die selbst hergestellten Käsespätzle mit dem Fertigprodukt nach folgenden Kriterien: Arbeitsaufwand – Garzeit – Aussehen – Geschmack

Rezeptvorschlag
Käsespätzle selbst hergestellt (s. S. 77) und als Fertigprodukt, Salat

Zutatenliste Käsespätzle

Frische Spätzle (Weizenmehl, Trinkwasser, Vollei aus Bodenhaltung (18 %)), jodiertes Speisesalz, Säuerungsmittel (Citronensäure), Gewürze, Gewürzextrakte, Trinkwasser, Käse 15 %, pflanzliches Öl, Röstzwiebeln 1 %, (Zwiebeln, pflanzliches Öl, Weizenmehl, Speisesalz), Sahne, jodiertes Speisesalz, Kartoffelstärke, Emulgatoren (E471, E472c), Milchzucker, Gewürze (mit Senf), Gewürzextrakte (u. a. Sellerieextrakt), Stabilisator (Diphosphate).

Säuerungsmittel Citronensäure (E330)

Die Lebensmittelindustrie verwendet Citronensäure als Antioxidationsmittel, Säuerungsmittel, Säureregulator und Schmelzsalz. Vitamine und Mineralstoffe bleiben durch das Säuerungsmittel erhalten. Da Citonensäure eine starke Säure ist, greift sie im menschlichen Körper den Zahnschmelz an und fördert so Karies. Deshalb sollte sie nicht in größeren Mengen verzehrt werden.

Emulgatoren E471

Emulgatoren bewirken, dass Flüssigkeiten mischbar werden, die sich eigentlich nicht miteinander mischen. Sie können auch Stabilisatoren genannt werden. Außerdem verändern sie die Beschaffenheit von Lebensmitteln in cremig, sämig oder schaumig. Diese Emulgatoren bewirken, dass die Darmoberfläche für Zusatzstoffe noch durchlässiger wird und stehen im Verdacht Allergien zu fördern.

Lernziel erreicht?

1. Beurteile den gesundheitlichen Wert der selbst hergestellten Käsespätzle mit dem Fertigprodukt!
2. Welche Vor- und Nachteile bieten die Fertigprodukte und selbst hergestellte Speisen?

Mitgedacht

1. Recherchiere unbekannte Fachbegriffe im Lebensmittellexikon oder Internet!
2. Für welche Personengruppen könnten die Angaben in der Zutatenliste wichtig sein?

7 Bleibe gesund – verarbeite unsere Lebensmittel mit Verstand!

Lebensmittel können bei unsachgemäßer Lagerung oder Verarbeitung vorzeitig verderben oder deiner Gesundheit schaden. Ein von Schimmelpilzen befallenes Lebensmittel muss rechtzeitig erkannt werden. Salmonellen verbreiten sich rasch und können zu erheblichen Gesundheitsschäden führen. Von Natur aus befinden sich eine gewisse Menge natürliche Gifte und Schadstoffe in manchen Lebensmitteln. Auch gibt es Vorratsschädlinge, die sich im Lebensmittel ausbreiten wollen.

7.1 Schimmelpilze

Schimmelbildung auf Lebensmitteln bedeutet grundsätzlich eine Gesundheitsgefahr für Mensch und Tier. Der Schimmelpilz Aspergillus flavus produziert ein Gift namens Aflatoxin. Toxin bedeutet Gift. Der Körper kann diese aufgenommenen Giftstoffe nicht ausscheiden.

Rezeptvorschlag:
Pusztapfanne (s. S. 75), Sahnepudding mit Erdbeersoße (s. S. 92)

1) Informiere dich über Schimmelpilze!
2) Erstelle eine Mindmap über Schimmelpilze!

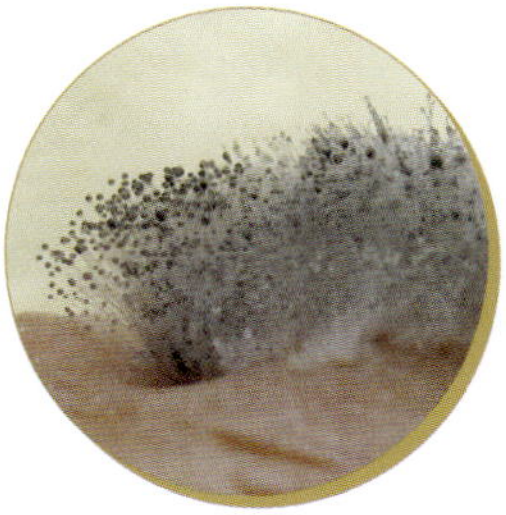

Entstehung

Die Sporen der Schimmelpilze gelangen über die Luft auf die Lebensmittel. Besonders gut vermehrt sich der Giftpilz bei Wärme und hoher Luftfeuchtigkeit. Auf der Oberfläche des Lebensmittels bildet sich ein Schimmelrasen und unsichtbare Schimmelfäden breiten sich aus.

Gefährdete Lebensmittel

Lebensmittel, die wasserhaltig sind, offen in der Wärme stehen und bei hoher Luftfeuchtigkeit gelagert werden, schimmeln häufiger. Anfällige Lebensmittel sind deshalb Brot, Nüsse, Marmelade, Milchprodukte, Fleisch, Wurst, Käse, Gewürze, Säfte, Obst und Gemüse.

Umgang

Sobald der Schimmel sichtbar wird, ist es ratsam, das befallene Lebensmittel sofort zu entsorgen. Es genügt nicht, den Schimmel großflächig zu entfernen. Die unsichtbaren Schimmelfäden durchziehen bereits das ganze Lebensmittel und sind hitzestabil.

Erwünschte Schimmelbildung

Bei manchen Lebensmitteln ist die Schimmelbildung gewollt. Extragezüchtete Schimmelkulturen werden bei der Herstellung von Käse (Camembert, Roquefort) und Rohwurstwaren (Salami) eingesetzt, um das Aroma aufzuwerten und das Produkt zu konservieren. Von derartigen Schimmelkulturen geht keinerlei gesundheitliche Gefährdung aus.

Vorbeugung

- Kaufe gefährdete Lebensmittel nur in überschaubaren Mengen ein!
- Achte auf das Mindesthaltbarkeitsdatum auf der Verpackung!
- Bevorzuge beim Einkauf einwandfreies, unbeschädigtes Obst und Gemüse!
- Lagere gefährdete Lebensmittel sauber, kühl und trocken!
- Verbrauche gefährdete Lebensmittel rasch!

Lernziel erreicht?

1) Notiere alle schimmelgefährdeten Lebensmittel im heutigen Rezept!
2) Überprüfe, ob alle Lebensmittel sachgerecht gelagert wurden!
3) Die oberste Scheibe aus der Toastbrotpackung ist angeschimmelt. Wie gehst du vor?

Mitgedacht

Begründe, warum verantwortungsbewusste Landwirte kein angeschimmeltes Brot an ihre Hühner verfüttern!

7.2 Salmonellen

Salmonellen sind Bakterien, die im menschlichen Körper Magen-Darmerkrankungen verursachen können und im schlimmsten Fall eine Salmonellenvergiftung (Salmonellose) auslösen. Sie wurden nach ihrem Entdecker, dem Bakteriologe Daniel E. Salmon benannt.

Rezeptvorschlag:
Gourmet-Salat
(s. S. 73)

1) Informiere dich über Salmonellen!
2) Erstelle ein Plakat zum Thema Salmonellen!

Entstehung

Salmonellen können durch unsaubere Verarbeitung entstehen. Sie vermehren sich vor allem bei Wärme, Feuchtigkeit und auf eiweißreichen Nährböden. Im Kühl- oder Gefrierschrank ist ihre Lebensaktivität eingeschränkt. Bei Zimmertemperatur vermehren sich Salmonellen explosionsartig.

Entwicklung der Bakterien bei Zimmertemperatur

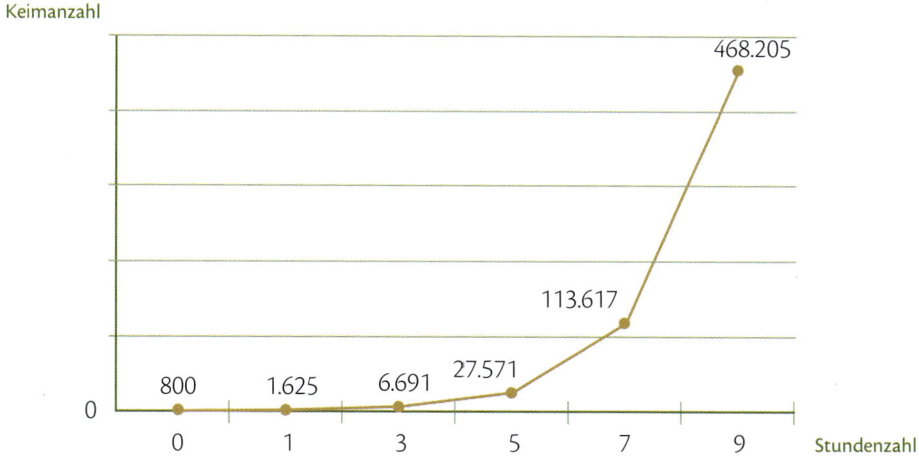

Entwicklung der Bakterien im Kühlschrank

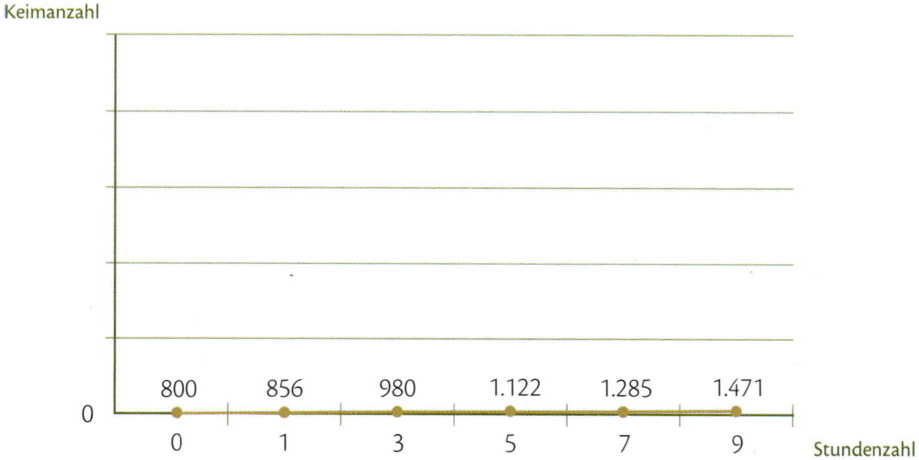

Gefährdete Lebensmittel

Häufig mit Salmonellen infizierte Lebensmittel sind Geflügel, Hackfleisch, Eier, Mayonnaise, Softeis, Nachspeisen und Speisen, die rohe Eier enthalten.

Umgang mit gefährdeten Lebensmitteln

Ein hohes Maß an Hygiene während der Verarbeitung verhindert eine Übertragung der Bakterien auf andere Lebensmittel. Salmonellen können durch Erhitzen bei über 70 °C abgetötet werden.

Gesundheitliche Auswirkungen

Eine Salmonellenvergiftung (Salmonellose) zeigt sich beim Menschen 6 bis 48 Stunden nach dem Verzehr der befallenen Lebensmittel. Die betroffenen Personen leiden unter Erbrechen, Fieber und schweren Durchfällen. Die Erkrankung ist beim Gesundheitsamt meldepflichtig. Es kann sogar notwendig sein, dass Erkrankte unter Quarantäne gestellt werden. Das bedeutet, dass die kranken Menschen isoliert werden, damit sich diese Infektionskrankheit nicht weiter ausbreiten kann.

Vorbeugung

- Achte bei gefährdeten Lebensmitteln auf das Mindesthaltbarkeitsdatum!
- Lagere Speisen, die rohe Eier enthalten, im Kühlschrank!
- Verzehre Speisen, die rohe Eier enthalten, nur am Herstellungstag!
- Achte besonders auf die persönliche Hygiene und die Hygiene am Arbeitsplatz!
- Verarbeite gefährdete Lebensmittel besonders hygienisch!

Regeln zur Verarbeitung von Geflügel

- Taue gefrorenes Fleisch am Besten im Kühlschrank auf!
- Schütte das Auftauwasser sofort weg!
- Wasche Geflügel vor der Zubereitung gründlich ab!
- Gare Geflügel immer gut durch!
- Das Fleisch darf innen nicht mehr rosig sein!

Lernziel erreicht?

1) Nenne Lebensmittel, die besonders gefährdet sind!
2) Beschreibe, wie du eine Salmonelleninfektion vermeiden kannst!
3) Erkläre, warum sich Salmonellen bei Zimmertemperatur so schnell vermehren!

Mitgedacht

1) Vom Pausenverkauf sind Sandwiches mit Mayonnaise übrig geblieben. Wie gehst du damit um?
2) Du bringst zur Grillparty Tiramisu mit rohen Eiern mit. Wie verhältst du dich?

7.3 Natürliche Gifte

In manchen Lebensmitteln ist von Natur aus eine geringe Menge an Giftstoffen enthalten. Diese Gifte können beim Menschen keinen gesundheitlichen Schaden anrichten, wenn sie in normalen Mengen verzehrt und fachgerecht vor- und zubereitet werden.

Rezeptvorschlag:
Schnitzel „Wiener Art“ mit Kartoffelsalat (s. S. 76)

1) Informiere dich über natürliche Gifte!
2) Erstelle eine Mindmap über drei natürliche Gifte deiner Wahl!

Solanin

Vorkommen	enthalten in grünen Stellen von Kartoffeln und Tomaten
Umgang	Schneide alle grünen Stellen an Tomaten und Kartoffeln weg! Schütte das Kartoffelwasser weg! Lagere Kartoffeln kühl und dunkel! Verzehre keine unreifen Tomaten!
Gesundheitliche Auswirkungen	Vergiftungserscheinungen wie Fieber und Durchfall

Phasin

Vorkommen	enthalten in Bohnen
Umgang	Verzehre Bohnen nur gekocht!
Gesundheitliche Auswirkungen	Blut kann verklumpen, Vergiftungserscheinungen

Oxalsäure

Vorkommen	enthalten in Rhabarber, Stachelbeeren, Spinat, Mangold
Umgang	Verzehre oxalsäurehaltiges Obst und Gemüse nur selten und nicht roh! Rhabarberernte nur bis zum 24. Juni, da der Oxalsäuregehalt danach ansteigt!
Gesundheitliche Auswirkungen	Nierensteine, Magen-Darm-Erkrankungen

Blausäure

Vorkommen	enthalten in bitteren Mandeln, Kernen und Steinen von Obst
Umgang	Verzehre keine Fruchtkerne!
Gesundheitliche Auswirkungen	verhindert den Sauerstofftransport im Blut, führt zu Nervenschädigung

Pilzgifte

Vorkommen	enthalten in verschiedenen Pilzen z. B. dem weißen Knollenblätterpilz
Umgang	Bevorzuge Zuchtpilze! Sammle nur bekannte Pilze und befrage einen Experten!
Gesundheitliche Auswirkungen	starke Vergiftungserscheinungen bei Giftpilzen

Lernziel erreicht?

1) Notiere den fachgerechten Umgang bei Einkauf, Lagerung, Vor- und Zubereitung von Kartoffeln!
2) Bereite einen Vortrag zur Vermeidung von natürlichen Schadstoffen vor!

Mitgedacht

Wie reagierst du in folgenden Situationen:
1) Du hast Tomaten eingekauft, die an manchen Stellen leicht grün sind.
2) Du siehst wie ein Mitschüler in eine rohe Bohne beißt.
3) Du hast aus Versehen einen Kirschkern verschluckt.
4) Dein Nachbar erntet Rhabarber im Juli.

7.4 Schadstoffe

Über die Nahrungskette, an deren Ende der Mensch steht, gelangen Schadstoffe aus der Landwirtschaft und der Umwelt in unseren Organismus.

Rezeptvorschlag:
Konfetti-Reis (s. S. 79), exotischer Obstsalat (s. S. 90)

Erkläre mithilfe des Schaubilds, wie die Schadstoffe in deinen Körper gelangen!

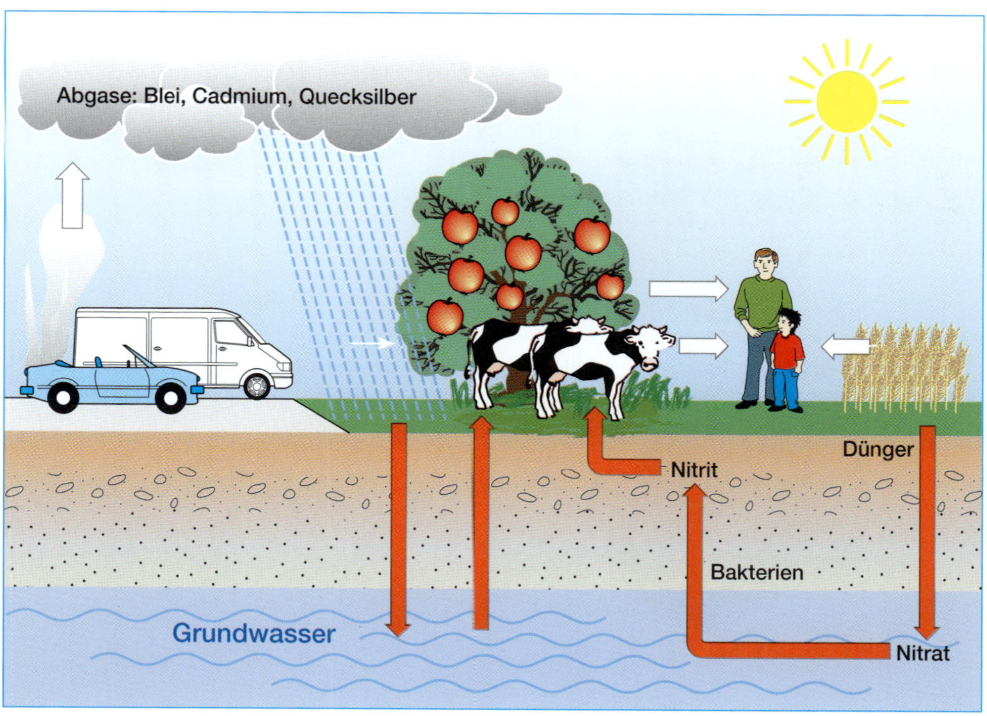

Landwirtschaft

In der Landwirtschaft wird Dünger, der Nitrat enthält, verwendet. Dieses Nitrat gelangt in den Boden und ins Grundwasser. Im Boden wird das Nitrat mithilfe von Bakterien in Nitrit umgewandelt. Die Pflanze speichert das Nitrit und dient den Tieren als Nahrung.

Luftverschmutzung

Die Abgase aus Industrie und Verkehr enthalten Blei, Cadmium und Quecksilber. Diese sogenannten Schwermetalle gelangen über den Regen auf den Boden und ins Grundwasser. Tiere und Pflanzen nehmen sie auf.

Gesundheitliche Auswirkung

Der Mensch atmet die belastete Luft ein und ernährt sich von Obst und Gemüse und dem mit Schadstoffen belasteten Fleisch. Das Nitrit beeinflusst im menschlichen Körper den Sauerstofftransport im Blut. In Verbindung mit Eiweiß wird Nitrit in Nitrosamine umgewandelt. Diese sind krebserregend. Die Schwermetalle lagern sich im Körper ab, da sie nicht abgebaut werden können. Sie beeinflussen grundlegende Körperfunktionen und wichtige Organe, wie z. B. die Leber.

Weitere Schadstoffe

Pflanzenschutzmittel 	In der Landwirtschaft werden Pestizide, Fungizide und Herbizide zum Schutz der Pflanzen vor Schädlingen, wie Insekten, Pilze und Unkraut, eingesetzt.
Futtermittelzusatzstoffe Tierarzneimittel 	Bei der Fütterung der Tiere werden oft Zusatzmittel und Antibiotika verwendet, um sie gesund und kräftig zu halten.

Pökelsalz (enthält Nitrit)

Die Lebensmittelindustrie verwendet Pökelsalz bei der Herstellung von Fleisch- und Wurstwaren, wie Salami und Schinken. Es soll den Geschmack, das Aussehen und die Haltbarkeit verbessern. Einen hohen Gehalt an Pökelsalz erkennst du an der roten Färbung des Lebensmittels.

Benzpyrene

Beim Grillen von Fleisch und Wurst über Holzkohle verbrennt das Fett, wenn es in die Holzkohle tropft. Dabei entstehen durch die Hitze Benzpyrene und Nitrosamine.

Radioaktivität

In der Nähe von Atomkraftwerken ist die Belastung durch Strahlen in der Umwelt erhöht. Nach einem Reaktorunfall kommt es zur Verstrahlung, die noch viele Jahre Auswirkungen auf die Gesundheit von Mensch, Tier und Pflanze hat.

Umgang mit schadstoffbelasteten Lebensmitteln

- Bevorzuge Obst, Gemüse und Salate aus einheimischen, biologischen Anbau!
- Kaufe Obst und Gemüse nach dem Saisonkalender ein!
- Wasche Obst, Gemüse und Salate immer gründlich!
- Verwende beim Grillen Aluminiumschalen, die das Fett auffangen!
- Achte beim Einkauf von Fleisch und Wurst auf das Gütesiegel!

EU-Bio-Logo

Ein Lebensmittel erhält das EU-Bio-Logo der europäischen Union mit dem Kontrollstellencode, wenn mindestens 95 % der Inhaltsstoffe aus Öko-Anbau stammen. 5 % dürfen aus konventioneller Landwirtschaft stammen, wenn sie in ökologischer Qualität am Markt nicht verfügbar sind. Das EU-Bio-Logo ist eine Pflichtkennzeichnung.

Bio-Siegel

Ein Lebensmittel wird mit dem deutschen Bio-Siegel freiwillig gekennzeichnet, wenn es gemäß den gesetzlich vorgeschriebenen Bedingungen hergestellt wurde. Ein anerkannter Bio-Betrieb wird regelmäßig kontrolliert, um zu gewährleisten, dass die Kriterien zum Pflanzenanbau und zur Tierhaltung eingehalten werden. Zusätzlich zum Bio-Siegel muss das EU-Bio-Logo auf dem Produkt aufgebracht werden.

QS-Prüfzeichen

Ein Lebensmittel bekommt das QS-Prüfzeichen der Qualität und Sicherheit GmbH, wenn die gesetzlichen Anforderungen eingehalten worden sind. Diese Betriebe werden nicht staatlich kontrolliert, da dieses Prüfzeichen von der Wirtschaft vergeben wird.

Lernziel erreicht?

1. Welche gesundheitlichen Auswirkungen hat die Aufnahme von Nitrit und Schwermetallen auf deinen Körper?
2. Was beachtest du beim Einkauf und der Zubereitung von Grillfleisch?

Mitgedacht

1. Begründe, weshalb viele Menschen beim Einkauf auf das Bio-Siegel achten!
2. Erkundige dich über die Verordnungen zur Vergabe der Bio-Siegel!
3. Überlege, warum es hinsichtlich der Schadstoffbelastung sinnvoll ist, Obst und Gemüse nach dem Saisonkalender zu kaufen!

7.5 Vorratsschädlinge

Lebensmittel können durch Vorratsschädlinge beschädigt oder beschmutzt werden. Vor allem Grundnahrungsmittel sind davon betroffen.

Rezeptvorschlag:
Kaiserschmarrn mit Apfelmus (s. S. 91)

1. Informiere dich über Vorratsschädlinge!
2. Erstelle eine Mindmap über Schädlinge!

Gefährdete Lebensmittel und deren Schädlingsbefall

Getreide Getreidemotte Getreidekäfer Wanderratte Hausmaus 	**Mehl** Mehlwurm Mehlmotte Mehlkäfer Mehlmilbe 
Kartoffeln Kellerassel 	**Reis** Reiskäfer 
zuckerhaltige Lebensmittel Ameisen 	**Obst/Gemüse** Fruchtfliegen 
befallen alle Lebensmittel, bevorzugt Süßes, Fleisch Fliegen 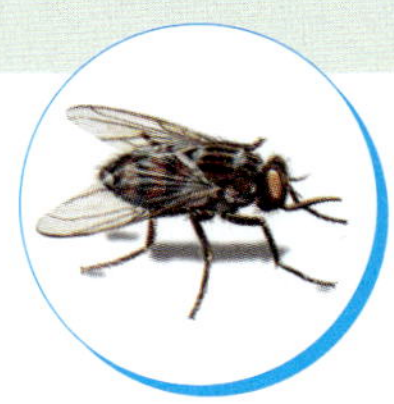	

Gesundheitliche Auswirkungen

Der Verzehr von schädlingsbefallenen Lebensmitteln kann zu Hauterkrankungen, Allergien und Darmbeschwerden führen!

Vorbeugung vor Schädlingsbefall

- Achte bei gefährdeten Lebensmitteln auf das Mindesthaltbarkeitsdatum!
- Halte die Küche und die Vorratsräume immer sauber!
- Beseitige Essensreste, Krümel und Staub!
- Kontrolliere alle Vorräte regelmäßig!
- Verpacke alle Vorräte luftdicht!
- Entsorge befallene Vorräte sofort!
- Schütze Fenster durch Fliegengitter!
- Bekämpfe „Ameisenstraßen" mit Backpulver!

Lernziel erreicht?

1. Beschreibe dein Vorgehen, wenn du Fruchtfliegen auf dem Obst entdeckst!
2. Erkläre, wie du bei einem Schädlingsbefall in deinem Vorratsschrank vorgehst!

Mitgedacht

1. Beurteile den Einsatz von chemischen Schädlingsbekämpfungsmitteln!
2. Denke auch an den Umweltschutz sowie an nützliche Schädlinge!

8 Wer sich gesund ernähren will – braucht gute Rezepte!

Um die Lebensmittel in den Rezepten fachgerecht zubereiten zu können ist es ratsam, sich einen Überblick zu verschaffen. Im Rezeptteil findest du Grundrezepte und Rezeptvorschläge aus den Kapiteln wieder. Ebenso werden dir verschiedene Vor- und Zubereitungstechniken vorgestellt, die dir ein selbstständiges Arbeiten ermöglichen. Erfahre in diesem Kapitel auch mehr über grundlegende und besondere Garverfahren.

8.1 Rezeptteil

Grundrezepte

Quarkölteig pikant

Menge	Zutaten	Zubereitung
150 g	Mehl	mit den Knethaken verkneten, Teig portionieren, Rollen formen, je nach Rezept weiterverarbeiten, bei 180 °C ca. 15 Min. backen
125 g	Quark	
3 EL	Milch	
3 EL	Öl	
1 TL	Backpulver	
n. Bed.	Salz	

Quarkölteig süß

Menge	Zutaten	Zubereitung
150 g	Mehl	mit den Knethaken verkneten, Teig portionieren, Rollen formen, je nach Rezept weiterverarbeiten
125 g	Quark	
3 EL	Milch	
3 EL	Öl	
1 TL	Backpulver	
2 EL	Zucker	
1	Eigelb	verquirlen und Gebäck bestreichen, bei 180 °C ca. 15 Min. backen
2 EL	Milch	

Pfannkuchenteig

Menge	Zutaten	Zubereitung
125 g	Mehl	in eine Rührschüssel geben
2	Eier	zugeben, mit dem Handrührgerät verrühren
1 Pr.	Salz	
250 ml	Milch	nach und nach zugeben, zu einem glatten Teig verrühren
1 EL	Öl	in einer Pfanne erhitzen, eine Schöpfkelle voll Teig in das heiße Fett geben und dünne Pfannkuchen goldbraun ausbacken,
		je nach Rezept weiterverarbeiten

Spätzleteig

Menge	Zutaten	Zubereitung
reichlich	Salzwasser	in einem hohen, großen Topf zum Kochen bringen
250 g	Mehl	mit den Knethaken einen zähflüssigen Spätzleteig herstellen
1 TL	Salz	
3	Eier	
ca. 1/8 l	Wasser	
		Spätzleteig in das kochende Wasser einhobeln, Spätzle kurz aufkochen assen, mit einem Schaumlöffel herausnehmen
		je nach Rezept weiterverarbeiten

Zubereitungs- und Verarbeitungstechniken

Fleisch vorbereiten

1. Wasche das Fleisch bei Bedarf kurz unter fließend kaltem Wasser ab!
2. Tupfe das Fleisch mit einem Papiertuch trocken!
3. Lege das Fleisch auf ein sauberes Arbeitsgeschirr!
4. Verarbeite das Fleisch sofort nach Rezept weiter!

Fleisch panieren

1. Bereite das Fleisch fachgerecht vor und würze es!
2. Stelle Teller mit Mehl, verquirltem Ei und Semmelbrösel bereit!
3. Wende das Fleisch mit einer Gabel der Reihe nach in Mehl, Ei und Semmelbrösel!
4. Lege das panierte Fleisch nebeneinander!
5. Verarbeite das panierte Fleisch sofort nach Rezept weiter!

Schmelzen im Wasserbad

1. Fülle einen Topf mit wenig Wasser und erwärme es!
2. Stelle eine passende Edelstahlschüssel hinein!
3. Achte darauf, dass der Schüsselboden nicht im Wasser steht!
4. Hacke die Schokolade in Stücke!
5. Gib die Schokolade in die Schüssel und schmelze sie!
6. Gib acht, dass kein Wasser in die Schokolade gelangt!

Stärketeiglein verarbeiten

1. Bringe die Flüssigkeit zum Kochen!
2. Rühre die Stärke mit wenig kalter Flüssigkeit klumpenfrei in einer Tasse an!
3. Rühre das Stärketeiglein in die kochende Flüssigkeit ein!
4. Lasse die Flüssigkeit einmal aufkochen!

Vanilleschote verarbeiten

1. Klopfe die Vanilleschote mit dem Messerrücken!
2. Halbiere die Vanilleschote der Länge nach!
3. Schabe das Vanillemark der Länge nach mit dem Messerrücken heraus!

Getränke

Ipanema (alkoholfreier Cocktail)

Menge	Zutaten	Zubereitung
2 4 TL	Bio Limetten brauner Zucker	Schale heiß abwaschen, vierteln, auf die Gläser verteilen zugeben, Limetten auspressen
n. Bed.	Eiswürfel	crashen, in die Gläser geben
1 l 2 l	Apfelsaft Mineralwasser	mischen, die Gläser auffüllen, mit Strohhalm servieren

Apfel-Kirsch-Zauber

Menge	Zutaten	Zubereitung
¼ l 1 Stange 5 2 TL	Wasser Zimt Gewürznelken Zucker	zum Kochen bringen
1	Zitrone	auspressen, Saft zugeben
½ l ¼ l	Apfelsaft Kirschsaft	abmessen, zugeben (nicht mehr kochen lassen), Getränk 10 Min. ziehen lassen, Gewürze entfernen

Alkoholfreie Fruchtbowle

Menge	Zutaten	Zubereitung
		Gläser garnieren
½ l ¼ l ½ l	Traubensaft Orangensaft Mineralwasser	im Gefäß mischen
1 1	Bio Orange Bio Zitrone	waschen, in dünne Scheiben schneiden oder in Stücke schneiden, dazugeben
n. Bed.	Eiswürfel	Gefäß auffüllen

Tropical-Cocktail

Menge	Zutaten	Zubereitung
1	Orange	waschen, in Scheiben schneiden, Gläser dekorieren
¼ l ¼ l ¼ l	Ananassaft Maracujasaft Mineralwasser	abmessen, mischen, aufteilen
n. Bed.	Eiswürfel	zugeben

Suppen

Gemüsecremesuppe

Menge	Zutaten	Zubereitung
250 g	*Gemüse nach Wahl:* Karotten, Broccoli, Blumenkohl, Zucchini, Paprika	entsprechend vorbereiten, zerkleinern
	Zwiebel	würfeln
2 EL	Öl	erhitzen, Gemüse andünsten
¾ l	Brühe	aufgießen
n. Bed.	Salz, Pfeffer, Paprika	würzen, ca. 20 Minuten köcheln lassen, Suppe pürieren, abschmecken
½ Be.	Sahne	schlagen
½ Bd.	Petersilie	waschen, Blätter abzupfen, fein schneiden, mit Sahne und Petersilie garnieren

Salate

Chefsalat

Menge	Zutaten	Zubereitung
1	Ei	hart kochen, vierteln
½ Kopf	Eissalat	waschen, in mundgerechte Stücke zupfen
1 1 3 EL	Karotte Tomate Mais	schälen, raspeln, zugeben waschen, achteln, zugeben zugeben
2 Sch. 2 Sch.	Edamer Schinken	in feine Streifen schneiden, zugeben
2 EL 1 EL 3 EL 1 Pr. n. Bed. 1 EL	Essig Öl Wasser Zucker Salz, Pfeffer Kräuter	mischen, Salat marinieren, Salat garnieren

Fitness-Salat

Menge	Zutaten	Zubereitung
½ Pck.	Feldsalat	im kalten, stehenden Wasser kurz waschen
½ 1	Kohlrabi Karotte	schälen und raspeln
2	Champignons	putzen, in feine Scheiben schneiden, Salatteller anrichten
1 Be. 1 EL n. Bed. 1 Pr.	Joghurt Essig Salz, Pfeffer Zucker	mischen, Salat marinieren
2 EL	Sonnen- blumenkerne	trocken rösten, darüber streuen

Gourmet-Salat

Menge	Zutaten	Zubereitung
¼ Kopf einige Blätter	Eissalat Radicchio	waschen, vorbereiten, in Streifen schneiden
½ 1 3 EL	Gurke Karotte Mais	schälen, hobeln schälen, raspeln zugeben
2 4 EL 3 EL n. Bed. 2 EL	Pfirsichhälften Pfirsichsaft Essig Salz, Pfeffer Öl	pürieren
2 etwas	Hähnchenbrustfilets Salz, Pfeffer	waschen, abtupfen würzen, anbraten, in Streifen schneiden, Salat marinieren und anrichten, Filetstreifen auf dem Salat verteilen
½	Baguette	in Scheiben schneiden, dazu reichen

Gurkensalat

Menge	Zutaten	Zubereitung
1	Gurke	waschen, schälen, hobeln
2 EL n. Bed. 1 Pr. 1 EL	Zitronensaft Salz, Pfeffer Zucker Sonnenblumenöl	verrühren, Salat marinieren
n. Bed.	Dill	vorbereiten, garnieren

Griechischer Salat mit Baguette

Menge	Zutaten	Zubereitung
1	Ei	hart kochen, vierteln
¼	Gurke	vorbereiten, in feine Scheiben schneiden
½	Zwiebel	vorbereiten, fein würfeln
2	Tomaten	vorbereiten, achteln
1 Pck.	Schafskäse	klein würfeln, Zutaten mischen
3 EL	Balsamicoessig	mischen, Salat marinieren
2 EL	Wasser	
n. Bed.	Pfeffer, Salz,	
1 Pr.	Zucker	
1 EL	Olivenöl	
n. Bel.	Oliven, Peperoni	zusammen mit dem Ei zum Garnieren verwenden
1	Baguette	in Scheiben schneiden, dazu reichen

Tomatensalat

Menge	Zutaten	Zubereitung
4	Tomaten	waschen, in Scheiben schneiden
3 EL	Balsamicoessig	verrühren, Salat marinieren
2 EL	Wasser	
n. Bed.	Salz, Pfeffer	
1 Pr.	Zucker	
1 EL	Olivenöl	
n. Bed.	Basilikum	waschen, in feine Streifen schneiden, Salat garnieren

Fleischgerichte

Hackfleischtarte

Menge	Zutaten	Zubereitung
400 g	Rinderhackfleisch	in eine Metallschüssel geben
1	Zwiebel	schälen, fein würfeln, zugeben
1	gelbe Paprika	waschen, halbieren, würfeln, zugeben
2	Eier	zum Hackfleisch geben und gut durchkneten, in einer vorbereiteten Springform oder Tarteform flach verteilen
2 EL	Semmelbrösel	
2 EL	Tomatenmark	
½ TL	Salz	
1 TL	Oregano	
1 TL	Thymian	
¼ TL	Cayennepfeffer	
2	Tomaten	waschen, in Scheiben schneiden, belegen
100 g	ger. Käse	darüber streuen, bei 200 °C ca. 30 Min. backen

Pusztapfanne

Menge	Zutaten	Zubereitung
1	Karotte	schälen, würfeln
1	Paprikaschote	waschen, vorbereiten, würfeln
6	Senfgurkenscheiben	würfeln
1	Knoblauchzehe	schälen, pressen
2	Peperoni	in feine Ringe schneiden
1	Putenschnitzel	abtupfen, in dünne Streifen schneiden
1	Zwiebel	würfeln
2 EL	Öl	erhitzen, Fleisch anbraten, Zwiebeln andünsten und vorbereitete Zutaten zugeben
4 EL	Gurkenflüssigkeit	zugeben, ca. 10 Min. garen
1/8 l	Brühe	
2 EL	Tomatenmark	
n. Bed.	Salz, Pfeffer, Paprika	
½ Be.	Sahne	unterrühren
1 EL	Schnittlauch	darüber streuen

Schnitzel „Wiener Art" mit Kartoffelsalat

Menge	Zutaten	Zubereitung
2 n. Bed.	Schnitzel Salz, Pfeffer	halbieren, abtupfen, evtl. klopfen würzen
2 EL 1 4 EL	Mehl verquirltes Ei Semmelbrösel	jeweils in tiefe Teller geben, Fleisch panieren (Mehl, Ei, Semmelbrösel)
4 EL	Öl	erhitzen, Schnitzel von beiden Seiten goldbraun braten, warmstellen
1	Zitrone	waschen, vierteln, garnieren
Kartoffelsalat		
4–6	Kartoffeln	waschen, weich kochen, heiß schälen, in Scheiben schneiden
½ n. Bed.	Zwiebel Salz, Pfeffer	schälen, würfeln, zugeben würzen
1/8 l	heiße Brühe	zugeben, vermengen
3 EL 2 EL	Essig Öl	gut abschmecken, Salat anrichten
1 EL	Schnittlauch	darüber streuen

Buntes Kartoffelgericht

Menge	Zutaten	Zubereitung
4	Kartoffeln	waschen, schälen, große Kartoffeln halbieren, im Dampfdrucktopf ca. 10 Min. garen, in Scheiben schneiden
4 Scheiben 1 2 EL	Putenschinken Zwiebel Öl	würfeln schälen, würfeln erhitzen, Zwiebeln andünsten, Kartoffeln und Schinken zugeben, goldbraun anrösten lassen
2 ½ Be. 1 EL n. Bed.	Eier Sahne Petersilie Salz, Pfeffer	verrühren, über die Kartoffeln gießen, anstocken lassen

Zucchinigeschnetzeltes mit Quellreis

Menge	Zutaten	Zubereitung
1	Zucchini	waschen, in Scheiben schneiden
1	Zwiebel	schälen, würfeln
2	Putenschnitzel	abtupfen, in Streifen schneiden
2 EL	Öl	erhitzen
1 TL	Curry	kurz andünsten, Fleisch anbraten, Zwiebeln und Zucchini zugeben
¼ l	Brühe	aufgießen, 10 Min. leicht köcheln lassen
1 EL 3 EL	Stärke kaltes Wasser	Stärketeiglein anrühren, einrühren, kurz aufkochen lassen
1 TL 1 Pr. 2 EL	Zitronensaft Zucker Sahne	zugeben, abschmecken
1 EL	Petersilie	darüber streuen
Quellreis		
1 Tasse 2 Tassen n. Bed.	Reis Wasser Salz	zum Kochen bringen, zurückschalten, ca. 20 Min. bei geschlossenem Topf quellen lassen

Nudelgerichte

Käsespätzle

Menge	Zutaten	Zubereitung
250 g ½ TL 2 125 ml	Mehl Salz Eier Wasser	Grundrezept Spätzleteig herstellen
1 Pck.	ger. Käse	lagenweise mit den Spätzle in die Auflaufform schichten, bei ca. 100 °C im Backofen überbacken
1	Zwiebel	in Ringe schneiden
1 EL	Butter	schmelzen, Zwiebeln goldbraun rösten, garnieren

Nudeln mit Hackfleischsoße

Menge	Zutaten	Zubereitung
250 g	Nudeln	nach Packungsanleitung garen
1	Zwiebel	schälen, würfeln
2 EL	Öl	erhitzen
250 g	Hackfleisch	anbraten, Zwiebeln zugeben, andünsten
1	Knoblauchzehe	schälen, pressen, zugeben
1/8 l	Brühe	zugeben, 10 Min. köcheln lassen
1 TL	Oregano	
½ TL	Rosmarin	
n. Bed.	Tabasco, Salz	
1 Dose	Pizzatomaten	
2 EL	Tomatenmark	

Nudeln mit Pesto

Menge	Zutaten	Zubereitung
250 g	Nudeln	nach Packungsanleitung garen
1 Topf	frischer Basilikum	Blätter waschen
3 EL	Pinienkerne	in der Pfanne leicht rösten
1	Knoblauchzehe	schälen
3 EL	geriebener Parmesan	herrichten, alle Zutaten in einen hohen Rührbecher geben, pürieren und unter die heißen Nudeln mischen
n. Bed.	Salz, Pfeffer	
3 EL	Olivenöl	

Gemüsegerichte

Kartoffelpuffer mit Apfelmus

Menge	Zutaten	Zubereitung
500 g	Kartoffeln	waschen, schälen, raspeln, Flüssigkeit abseihen
1 1 EL n. Bed.	Ei Stärkemehl Salz, Muskat	unterrühren
4 EL	Öl	in Pfanne erhitzen, Teig portionsweise zugeben, flach drücken und beidseitig goldbraun braten auf Küchenkrepp entfetten
4	Äpfel	schälen, vierteln, entkernen, in Stücke schneiden
100 ml 1 EL ½	Wasser Zitronensaft Zimtstange	aufkochen lassen, Apfelstücke zugeben und weich dünsten, Zimtstange herausnehmen, pürieren
2 EL	Zucker	unterrühren

Konfetti-Reis

Menge	Zutaten	Zubereitung
1	Knoblauchzehe	vorbereiten, pressen
½ 1 ½ ½	Zwiebel Karotte Zucchini rote Paprika	vorbereiten, fein würfeln
2 EL 2 EL	Erbsen (TK) Mais	herrichten
1 EL	Olivenöl	in einem Topf erhitzen, Zwiebel und Knoblauch andünsten, Gemüse zugeben, mitdünsten
1 Tasse 2 Tassen	Reis Wasser	zugeben, andünsten aufgießen
n. Bed.	Brühpulver Pfeffer, Salz Oregano	würzen, bei geschlossenem Topf auf niedriger Stufe ca. 20 Min. garen
n. Bed.	Basilikum	garnieren

Mediterranes Gemüse mit Reis und Joghurtsoße

Menge	Zutaten	Zubereitung
1	Aubergine	vorbereiten, grob würfeln
1	Zucchini	
1	rote Paprika	
1 EL	Öl	erhitzen, Gemüse andünsten
1 Zweig	Rosmarin	zugeben
1 TL	Thymian	
n. Bed.	Salz, Pfeffer, Paprika	
1 Tasse	Reis	zum Kochen bringen, zurückschalten, ca. 20 Min. bei geschlossenem Topf quellen lassen
2 Tassen	Wasser	
n. Bed.	Brühepulver	
1 Dose	geschälte Tomaten	Strunk entfernen, in Stücke schneiden
½	Zwiebel	schälen, würfeln
1 EL	Olivenöl	erhitzen, Zwiebeln andünsten, Tomaten zugeben
1 EL	Tomatenmark	unterrühren
n. Bed.	Salz, Pfeffer, Zucker	zugeben, einköcheln lassen, pürieren
1	Knoblauchzehe	schälen, pressen
1 Be.	Naturjoghurt	zugeben, verrühren
½ TL	Olivenöl	
n. Bed.	Salz	

Gerichte im Dampfdrucktopf

Kartoffel-Paprika-Topf

Menge	Zutaten	Zubereitung
4	Kartoffeln	vorbereiten, würfeln
1	rote Paprika	
1	grüne Paprika	
1 EL	Öl	im Dampfdrucktopf erhitzen, Gemüse anbraten
350 ml	Brühe	aufgießen, im Dampfdrucktopf 10 Min. garen
½ Be.	Sahne	zugeben
n. Bed.	Salz, Pfeffer, Paprika	würzen, abschmecken

Mexikanisches Maisgericht

Menge	Zutaten	Zubereitung
2	Rinderrouladen	abtupfen, in 3 cm lange dünne Streifen schneiden
1	Zwiebel	schälen, würfeln
2 EL	Öl	erhitzen, Fleisch und Zwiebelwürfel anbraten
1	Karotte	schälen, fein würfeln, zugeben
1	Chili	vorbereiten, in feine Ringe schneiden, zugeben
n. Bed.	Salz	zugeben, im Dampfdrucktopf ca. 20 Min. garen
3/8 l	Brühe	
5 EL	Tomaten-ketchup	
½ Dose	Mais	abseihen, abbrausen, zugeben, erhitzen
½ Dose	Brechbohnen	
½ Dose	Kidney-Bohnen	
n. Bed.	Petersilie	fein wiegen, garnieren

Salzkartoffeln mit Kräuterquark

Menge	Zutaten	Zubereitung
4	Kartoffeln	waschen, schälen, der Länge nach vierteln
¼ l	Wasser	zugeben, im Dampfdrucktopf ca. 10 Min. garen
n. Bed.	Salz	
Kräuterquark		
250 g	Magerquark	verrühren
5 EL	Milch	
n. Bed.	Salz, Pfeffer	
½ Bund	Schnittlauch, Petersilie	vorbereiten, zugeben, abschmecken, mit den Salzkartoffeln anrichten

Ungarische Gulaschsuppe

Menge	Zutaten	Zubereitung
250 g	Rindergulasch	abtupfen, in 1 cm große Stücke schneiden
2 1 2	Zwiebeln rote Paprika Kartoffeln	schälen, würfeln waschen, vorbereiten, würfeln schälen, würfeln
2 EL	Öl	erhitzen, Fleisch scharf anbraten, Zwiebeln, Paprika, Kartoffeln kurz mitbraten
2 EL ¾ l	Tomatenmark Brühe	unterrühren aufgießen
1 ½	Knoblauchzehe unbehandelte Zitrone	schälen, pressen waschen, Schale abreiben
½ TL n. Bed.	Rosmarin, Majoran Salz, Paprika, Cayennepfeffer	zugeben, im Dampfdrucktopf 20 Min. garen
½ Bund	Schnittlauch, Petersilie	vorbereiten, zugeben, abschmecken

Gerichte im Wok

Chop Suey

Menge	Zutaten	Zubereitung
1	Putenschnitzel	vorbereiten, in Streifen schneiden
½ Stange	Lauch	vorbereiten, in halbe Ringe schneiden
½	rote Paprika	vorbereiten, würfeln
1	Karotte	vorbereiten, in Scheiben schneiden
¼	Chinakohl	vorbereiten, in Streifen schneiden
1	Knoblauchzehe	schälen, pressen
½ Glas	Sojabohnen-keimlinge	abgießen, bereitstellen
1 EL	Öl	im Wok erhitzen, Fleisch anbraten, Gemüse der Reihe nach zugeben, unter ständigem Rühren mitbraten
Würzsoße		
¼ l	Wasser	mit dem Schneebesen verrühren, über die gegarten Zutaten geben, einmal aufkochen lassen, abschmecken
1 Pr.	Salz	
4 EL	Sojasoße	
etwas	Ingwer (gerieben)	
1 EL	Stärke	

Fingerfood

Champignontoast

Menge	Zutaten	Zubereitung
6	Champignons	putzen, blättrig schneiden
1	Zwiebel	schälen, würfeln
½ Bd.	Petersilie	waschen, Blätter abzupfen, fein schneiden
1 EL	Butter	erhitzen, Champignons und Zwiebeln andünsten, Petersilie unterrühren
n. Bed.	Salz, Pfeffer	würzen
4 Sch.	Toastbrot	toasten, Pilzmasse verteilen
4 Sch.	Käse	darüber legen, bei 200 °C ca. 8 Min. überbacken

Inliner-Sandwich

Menge	Zutaten	Zubereitung
4 etwas	Baguette-brötchen Butter	halbieren bestreichen
4	Salatblätter	waschen, trocken tupfen
½ Bd. ¼	Radieschen Gurke	in dünne Scheiben schneiden
8 Sch. 1 ½	Käse Karotte gelbe Paprika	herrichten schälen, raspeln vorbereiten, in Streifen schneiden Baguette belegen
etwas	Kresse	garnieren

Gemüsesticks mit Dippsoßen

Menge	Zutaten	Zubereitung
n. Bed.	*Gemüse nach Wahl:* Karotte, Kohlrabi, Gurke, Paprika	vorbereiten, in ½ cm dünne Streifen schneiden
1 Be. 3 EL 1 Be. n. Bed. ½ TL	Cremé fraîche Zitronensaft Joghurt Salz, Pfeffer Zucker	verrühren
½ Bd.	Schnittlauch	in feine Röllchen schneiden, zugeben für einen Kräuterdipp
weitere Geschmacksrichtungen		
1 TL	Curry	zugeben für einen Currydipp
2 EL	Ketchup	zugeben für einen Tomatendipp

Hamburger

Menge	Zutaten	Zubereitung
4 1 1	Salatblätter Tomate Essiggurke	waschen, trocken tupfen waschen, in Scheiben schneiden in Scheiben schneiden
300 g 1 n. Bed.	Hackfleisch Ei Salz, Pfeffer	Fleischteig herstellen, Teig portionieren, gleichmäßige Küchle formen und braten
4	Hamburger-brötchen	halbieren und toasten
n. Bed.	Ketchup, Mayonnaise	bestreichen, Burger belegen

Pfannkuchen-Wraps

Menge	Zutaten	Zubereitung
125 g 2 1 Pr. 250 ml	Mehl Eier Salz Milch	Grundrezept Pfannkuchenteig herstellen
100 g etwas ¼ TL	Kräuter-frischkäse Zitronensaft Curry	in einer Schüssel verrühren
1 ¼ ½ 3 EL	Frühlings-zwiebel rote Paprika Tomate Mais	vorbereiten, in feine Röllchen schneiden vorbereiten, klein würfeln vorbereiten, klein würfeln herrichten
1 n. Bed. 1 EL	Hähnchen-brustfilet Salz, Pfeffer Öl	vorbereiten, in dünne Scheiben schneiden würzen erhitzen, Fleisch anbraten
1 EL	Öl	erhitzen, Pfannkuchen ausbacken, auf Küchenkrepp entfetten, füllen, einrollen und servieren

Gebäck pikant

Pizza Fantasia

Menge	Zutaten	Zubereitung
150 g 125 g 3 EL 3 EL 1 TL	Mehl Quark Milch Öl Salz	Grundrezept Quarkölteig herstellen, Blech vorbereiten, Boden auswellen
Tomatensoße		
½ Pck. n. Bed.	Tomatenpüree Pizzagewürz, Salz, Pfeffer, Oregano, Basilikum	würzen, abschmecken, bestreichen
Belag nach Wahl		
1	Paprika	in Streifen schneiden
1	Zwiebel	in halbe Ringe schneiden
5	Champignons	vorbereiten, in Scheiben schneiden
1 Dose	Thunfisch	abseihen, zerteilen
50 g 50 g	Putensalami, Putenschinken	in Würfel schneiden
1 Dose n. Bed.	Mais Oliven, Peperoni	vorbereiten
		Belag nach Wahl gleichmäßig verteilen
1 Pck.	ger. Käse	aufstreuen
1 Pck.	Mozzarella	in Scheiben schneiden, belegen, bei 180 °C ca. 20 Min. backen

Gebäck süß

Nussschnecken aus Quarkölteig

Menge	Zutaten	Zubereitung
175 g	Quark	Grundrezept Quarkölteig herstellen, Teig ausrollen
75 g	Zucker	
1 Pck.	Vanillezucker	
6 EL	Milch	
6 EL	Öl	
1 Pr.	Salz	
300 g	Mehl	
1 Pck.	Backpulver	
Füllung		
200 g	gem. Haselnüsse	mischen, Füllung gleichmäßig verteilen, Teig aufrollen, 2 cm dicke Scheiben von der Rolle abschneiden, auf ein vorbereitetes Blech setzen, bei 200 ° ca. 20 Min. backen
100 g	Zucker	
½ Be.	Sahne	

Schoko-Cookies

Menge	Zutaten	Zubereitung
50 g	ganze Nüsse	grob hacken
50 g	weiße Schokolade	
100 g	Zartbitter-schokolade	
75 g	Margarine	verkneten, Nüsse und Schokoladenstücke zugeben, unterkneten, mit feuchten Händen kleine Kugeln formen (Durchmesser 2 cm), auf ein vorbereitetes Backblech setzen (Abstand 2 fingerbreit), bei 160 °C ca. 12 Min. backen
60 g	Zucker	
60 g	brauner Zucker	
1 Pck.	Vanillezucker	
1 Pr.	Salz	
1	Ei	
150 g	Mehl	
1 TL	Backpulver	

Schokomuffins

Menge	Zutaten	Zubereitung
100 ml 2 100 g	Pflanzenöl Eier brauner Zucker	verrühren
3 EL 100 g	Naturjoghurt Schokoladen-streusel	dazugeben, unterrühren
200 g 2 TL 1 TL	Mehl Backpulver Kakao	mischen, sieben, unterheben Teig in Papierförmchen/Muffinform füllen, bei Umluft 180 °C ca. 20 Min. backen
1 Be. n. Bed.	Schokoglasur Schokoraspel	im Wasserbad schmelzen, bestreichen aufstreuen

Süße Waffeln

Menge	Zutaten	Zubereitung
125 g 50 g 1 Pck. 2	Margarine Zucker Vanillezucker Eier	schaumig rühren
250 g 1 TL ¼ l	Mehl Backpulver Milch	mischen, abwechselnd unterrühren
n. Bed.	Öl	Waffeleisen vorbereiten: bepinseln, erhitzen, einen Schöpflöffel voll Teig in die Mitte geben, Deckel schließen, Waffeln 2 Min. backen, Waffeln herausnehmen, Herzen auseinanderschneiden
2 EL	Puderzucker	bestäuben

Süßspeisen

Bunter Dessertteller

Menge	Zutaten	Zubereitung
2 Sch.	Blätterteig	in 8 Rechtecke schneiden, bei 180 °C ca. 10 Minuten goldbraun backen
Füllung		
½ Be. 1 EL 2 EL	Mascarpone Puderzucker Milch	glatt rühren
Fruchtsoße		
½ Pck. 2 EL 2 EL	Erdbeeren Puderzucker Zitronensaft	pürieren
3 EL	Sahne	Soßenspiegel wie auf S. 12 herstellen
	Obst nach Wahl	vorbereiten, zerkleinern oder Formen ausstechen
		Blätterteig aufschneiden, mit Mascarponecreme füllen, anrichten
		Dessertteller garnieren

Bunte Fruchtspieße

Menge	Zutaten	Zubereitung
½ 2	Zitrone Bananen	auspressen schälen, in 2 cm große Stücke schneiden, mit Zitronensaft beträufeln
3 ½ Schale	Kiwis Erdbeeren	vorbereiten, in grobe Stücke schneiden vorbereiten abwechselnd auf Schaschlikspieße aufstecken, auf Backpapier legen
1 Be.	Schokoglasur	im Wasserbad schmelzen, Schokolade über die Fruchtspieße verteilen

Garnierte Apfelküchle

Menge	Zutaten	Zubereitung
3	Äpfel	waschen, schälen, Kernhaus ausstechen, in 1 cm dicke Scheiben schneiden
½	Zitrone	auspressen, Äpfel beträufeln
2	Eiweiß	fest schlagen
125 g 1 Pr. 2 1/8 l	Mehl Salz Eigelb Milch	klumpenfrei verrühren, Eischnee unterheben
n. Bed.	Öl	erhitzen, Apfelringe mit 2 Gabeln im Teig wenden, auf beiden Seiten ausbacken, auf Küchenkrepp entfetten, warm stellen
1 EL 1 Msp.	Zucker Zimt	mischen, darüber streuen
½ Be.	Sahne	schlagen, garnieren

Dieser Teig ist eine Abwandlung des Grundrezeptes Pfannkuchenteig.

Exotischer Obstsalat

Menge	Zutaten	Zubereitung
1 ½ 2 ½ P. 1	Mango Ananans Kiwi Physalis Banane	vorbereiten, zerkleinern
2 EL 1 EL 1 EL	Zitronensaft Kokosraspeln Zucker	darüber geben, vermengen, abschmecken
½ Be.	Sahne	schlagen, garnieren

Kaiserschmarrn mit Apfelmus

Menge	Zutaten	Zubereitung
3	Eier	trennen, Eiweiß fest schlagen
150 g	Mehl	in eine Schüssel sieben
1 Pr. 2 EL ¼ l	Salz Zucker Milch	zugeben, zusammen mit dem Eigelb verrühren, Eischnee unterheben
2 EL	Öl	erhitzen, die Hälfte des Teiges hineingießen, zurückschalten, Kaiserschmarrn goldgelb anbacken lassen, mit 2 Bratwendern wenden, fertigbacken, in mundgerechte Stücke zerteilen, warmstellen, zweite Teighälfte genauso ausbacken
n. Bed.	Puderzucker	darüber sieben
Apfelmus	siehe *S. 79*	

Dieser Teig ist eine Abwandlung des Grundrezeptes Pfannkuchenteig.

Mandel-Schokoladen-Pudding

Menge	Zutaten	Zubereitung
		mikrowellengeeignete Förmchen ausfetten
70 g 100 g 5	Butter Zucker Eier	schaumig rühren
100 g 50 g 100 g 1 EL	gem. Mandeln Semmelbrösel ger. Schokolade Kakao	mischen, unterheben, umfüllen, in der Mikrowelle bei 600 Watt 7–8 Min. garen
		Pudding kurz stehen lassen, stürzen
n. Bed.	Obst, geschlagene Sahne	zum Garnieren verwenden

Quarkcreme mit Beeren

Menge	Zutaten	Zubereitung
1	Vanilleschote	klopfen, einritzen, Mark herauskratzen
500 g ½ Be. 2 EL	Quark Sahne Zucker	verrühren, Vanillemark zugeben
½ Pck. 2 EL 2 EL	Beeren Zucker Zitronensaft	pürieren, Quarkcreme abwechselnd mit Beerensoße in Schälchen schichten
½ Be.	Sahne	schlagen, garnieren

Sahnepudding mit Erdbeersoße

Menge	Zutaten	Zubereitung
½ l 1 Pck. 3 EL	Milch Sahnepudding Zucker	Pudding nach Packungsanleitung zubereiten, in Glasschälchen verteilen, auskühlen lassen
½ Pck. 2 EL 2 EL	Erdbeeren Zucker Zitronensaft	pürieren, Fruchtsoße auf dem Pudding verteilen

8.2 Obst verarbeiten

Vor dem Zerkleinern muss Obst unbedingt unter fließend kaltem Wasser gewaschen werden. Du kannst dazu auch ein Sieb verwenden. Bei manchen Obstsorten ist es notwendig, die Schale und schadhafte Stellen zu entfernen. Dazu nimmst du entweder den Sparschäler oder ein Obst- und Gemüsemesser. Beachte dabei, dass die Schalenreste nicht auf deinem Schneidebrett liegen, sondern auf einem Abfallteller. Verarbeite das Obst je nach Rezept weiter und decke geschnittenes Obst immer ab. Bedenke, dass die im Obst enthaltenen Vitamine empfindlich gegenüber Luft, Wasser und Licht sind. Apfel, Birne und Banane verfärben sich in Verbindung mit Sauerstoff. Beträufle sie deshalb mit Zitronensaft!

Apfel und Birne verarbeiten

1. Wasche das Obst!
2. Schäle es bei Bedarf!
3. Halbiere und teile sie in Viertel!
4. Entferne das Kernhaus!
5. Halbiere jedes Viertel der Länge nach!
6. Schneide die Spalten in Stücke oder in feine Scheiben!

Apfel raspeln

1. Wasche den Apfel!
2. Schäle ihn bei Bedarf!
3. Rasple die Seiten bis zum Kernhaus ab!

Apfel in Ringe schneiden

1. Wasche den Apfel!
2. Stich das Kernhaus aus!
3. Schneide den Apfel in Scheiben!

Beeren verarbeiten

1. Wasche die Beeren (Himbeeren, Brombeeren, Heidelbeeren, Johannisbeeren, Stachelbeeren…)
2. Entferne die Stiele bei Bedarf!
3. Verarbeite die Beeren im Ganzen weiter!

Erdbeeren verarbeiten

1. Wasche die Erdbeeren in einem Sieb!
2. Entferne die Kelchblätter mit Stiel!
3. Schneide die Erdbeeren in Hälften oder Viertel!

Kiwi verarbeiten

1. Entferne den Stiel und Blütenansatz!
2. Schäle die Kiwi!
3. Schneide die Kiwi in Scheiben!

Melone verarbeiten

1. Halbiere die Melone!
2. Entferne die Kerne mit einem Löffel!
3. Schneide die Melone in Spalten!
4. Entferne die Schale!
5. Schneide die Melone in Stücke oder feine Scheiben!

Orange filetieren

1. Schneide das obere und das untere Ende ab!
2. Lege die Orange auf eine Schnittfläche!
3. Schneide die Schale mit der weißen Haut von oben nach unten ab!
4. Schneide die Orangenfilets zwischen den Trennhäuten heraus!

Steinobst verarbeiten

1. Wasche das Steinobst (Kirschen, Nektarinen, Zwetschgen ...)!
2. Schneide das Steinobst bis zum Obststein ein!
3. Entferne den Obststein mit der Messerspitze!
4. Schneide das Steinobst bei Bedarf in Stücke!

Trauben entkernen

1. Wasche die Trauben in einem Sieb!
2. Zupfe die Trauben vom Stiel!
3. Halbiere die Trauben der Länge nach!
4. Entferne die Kerne mit der Messerspitze!

Saisonkalender für Obst

Welches Obst in welchem Monat angeboten wird, kannst du im Saisonkalender ablesen. Die orange markierten Felder zeigen dir importiertes Obst an. Grün markierte Felder weisen auf heimischen Anbau hin. Je höher die Markierung, desto größer ist das Obstangebot. In diesen Monaten ist der Kaufpreis meistens niedriger.

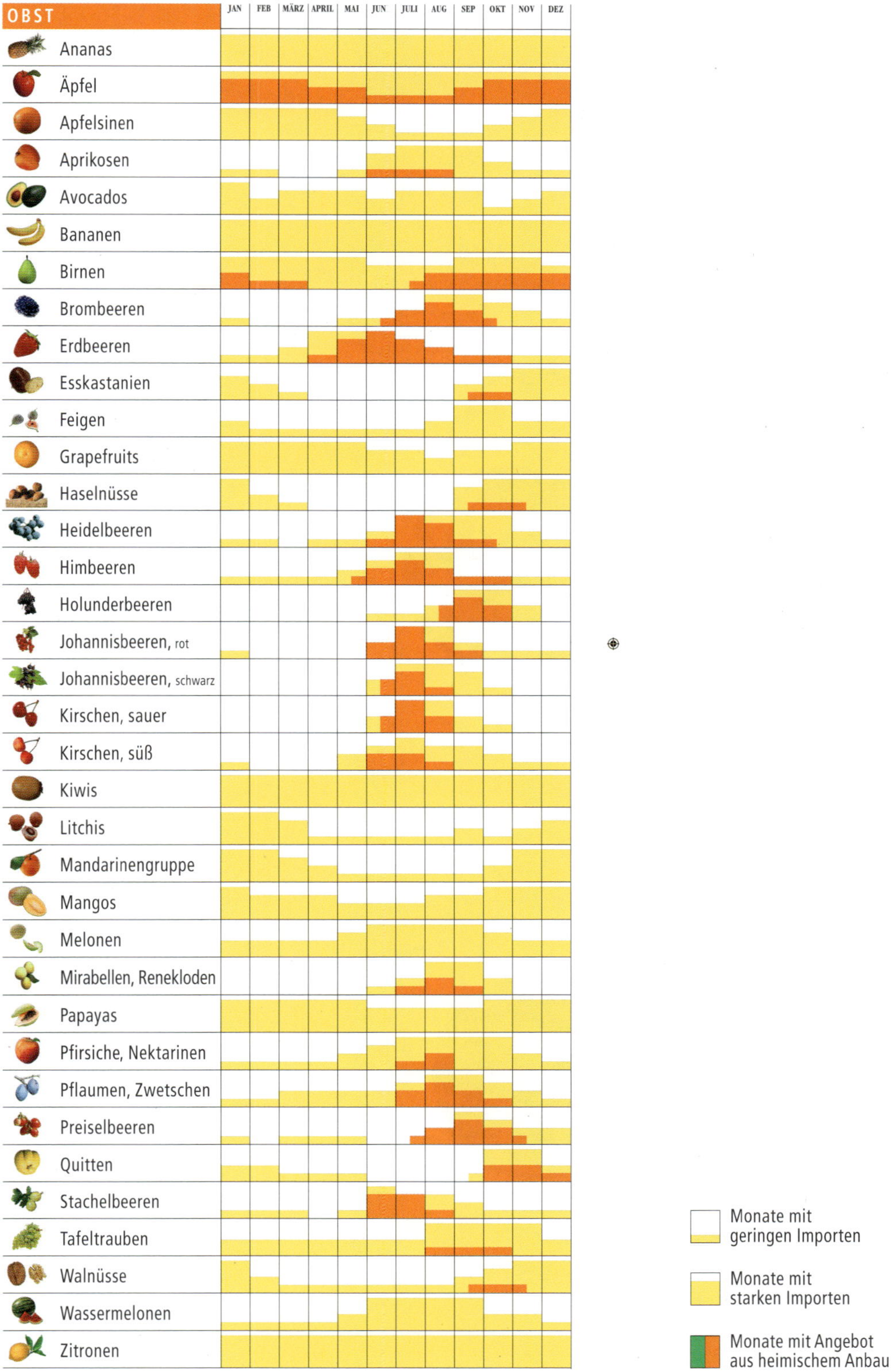
OBST
JAN
FEB
MÄRZ
APRIL
MAI
JUN
JULI
AUG
SEP
OKT
NOV
DEZ
Ananas
Äpfel
Apfelsinen
Aprikosen
Avocados
Bananen
Birnen
Brombeeren
Erdbeeren
Esskastanien
Feigen
Grapefruits
Haselnüsse
Heidelbeeren
Himbeeren
Holunderbeeren
Johannisbeeren, rot
Johannisbeeren, schwarz
Kirschen, sauer
Kirschen, süß
Kiwis
Litchis
Mandarinengruppe
Mangos
Melonen
Mirabellen, Renekloden
Papayas
Pfirsiche, Nektarinen
Pflaumen, Zwetschen
Preiselbeeren
Quitten
Stachelbeeren
Tafeltrauben
Walnüsse
Wassermelonen
Zitronen
Monate mit geringen Importen
Monate mit starken Importen
Monate mit Angebot aus heimischem Anbau

8.3 Gemüse und Salat verarbeiten

Gemüse und Salat müssen unbedingt gewaschen werden. Verwende dazu immer kaltes Wasser. Je nach Sorte und Beschaffenheit wird es unter fließend kaltem Wasser oder in stehend kaltem Wasser gewaschen. Falls du bei Gemüse die Schale oder schadhafte Stellen entfernen musst, kannst du den Sparschäler oder ein Gemüsemesser verwenden. Beachte dabei, dass die Schalenreste nicht auf deinem Schneidebrett liegen, sondern auf einem Abfallteller. Es gibt zum Schälen, Putzen und Zerkleinern von Gemüse spezielle Schälwerkzeuge und Messer. Verarbeite Gemüse und Salate je nach Rezept weiter und decke sie immer ab. Bedenke, dass die enthaltenen Vitamine empfindlich gegenüber Luft, Wasser und Licht sind.

Blattsalate verarbeiten

1. Entferne schadhafte Außenblätter!
2. Brich die Salatblätter vom Strunk und wasche sie vorsichtig in stehend kaltem oder fließendem Wasser!
3. Gib die gewaschenen Salatblätter in ein Sieb oder in eine Salatschleuder!
4. Zerteile den Salat in mundgerechte Stücke!

Chili verarbeiten

1. Wasche die Chili!
2. Entferne den Stielansatz!
3. Halbiere die Chili der Länge nach!
4. Schneide die weißen Häute heraus und entferne die Kerne!
5. Schneide die Chili in Streifen oder Würfel!

Feldsalat verarbeiten

1. Entferne schadhafte Blätter!
2. Lasse den Feldsalat ganz, entferne nur die Wurzeln!
3. Wasche den Feldsalat gründlich in stehendem oder fließendem Wasser!
4. Gib den gewaschenen Feldsalat in ein Sieb!

Gurke verarbeiten

1. Wasche die Gurke!
2. Schäle die Gurke bei Bedarf vom Blütenansatz zum Stielansatz!
3. Hoble die Gurke in dünne Scheiben oder schneide sie in halbe Scheiben, Streifen oder Würfel!

Ingwerwurzel verarbeiten

1. Schäle die Ingwerwurzel!
2. Reibe den Ingwer oder schneide ihn in sehr kleine Stücke!

Karotte verarbeiten

1. Wasche und schäle die Karotte!
2. Entferne den Blattansatz!
3. Schneide die Karotte in Scheiben, halbe Scheiben, Streifen oder Würfel!

Knoblauch verarbeiten

1. Schäle die Knoblauchzehe!
2. Zerkleinere den Knoblauch mit der Knoblauchpresse!

Knollensellerie verarbeiten

1. Schäle den Knollensellerie!
2. Schneide den Knollensellerie in Scheiben, Streifen oder Stücke!

Kohlrabi verarbeiten

1. Entferne die Blätter!
2. Schäle den Kohlrabi!
3. Schneide den Kohlrabi in Scheiben, Streifen oder Stücke!

Lauch verarbeiten

1. Ziehe die Außenblätter ab!
2. Entferne schadhafte Stellen!
3. Halbiere den Lauch der Länge nach!
4. Wasche den Lauch gründlich zwischen den Schichten von der Wurzel her!
5. Schneide den Lauch in dünne halbe Ringe, beginne bei den grünen Blättern!
6. Entferne die Wurzel zum Schluss!

Paprika verarbeiten

1. Wasche die Paprika!
2. Halbiere die Paprika der Länge nach!
3. Entferne den Stiel, die weißen Häute und die Kerne!
4. Wasche die Kernreste unter fließend kaltem Wasser heraus!
5. Schneide die Paprika in Streifen oder Würfel!

Tomate in Scheiben schneiden

1. Wasche die Tomate!
2. Entferne den Stiel und schneide den Strunk keilförmig heraus!
3. Schneide die Tomate in Scheiben, beginne auf der Unterseite!

Tomate verarbeiten

1. Wasche die Tomate!
2. Entferne den Stiel!
3. Halbiere die Tomate und schneiden den Strunk keilförmig heraus!
4. Schneide die Tomate in Spalten oder Würfel!

Zucchini verarbeiten

1. Wasche die Zucchini!
2. Schneide den Stiel und den Blütenansatz ab!
3. Schneide die Zucchini in Hälften, Scheiben, halbe Scheiben oder Würfel!

Zwiebel in halbe Ringe schneiden

1. Schäle die Zwiebel und lasse dabei den Wurzelboden stehen!
2. Halbiere die Zwiebel mittig am Wurzelboden!
3. Lege die Zwiebel auf die Schnittfläche!
4. Schneide die Zwiebel parallel zum Wurzelboden in halbe Ringe!

Zwiebel würfeln

1. Schäle die Zwiebel und lasse dabei den Wurzelboden stehen!
2. Halbiere die Zwiebel mittig am Wurzelboden!
3. Lege die Zwiebel auf die Schnittfläche!
4. Schneide die Zwiebel bis kurz vor den Wurzelboden hin mehrfach dünn ein!
5. Schneide die Zwiebel parallel zum Wurzelboden in feine Würfel!

Kräuter wiegen

1. Wasche die Kräuter unter fließend kaltem Wasser ab!
2. Zupfe die Blätter von den Stängeln!
3. Zerkleinere die Kräuter mit dem Wiegemesser!

Schnittlauch schneiden

1. Wasche den Schnittlauch unter fließend kaltem Wasser ab!
2. Entferne schadhafte Stängel!
3. Schneide den Schnittlauch mit dem Messer in feine Röllchen!

Saisonkalender für Gemüse und Salate

Welches Gemüse in welchem Monat angeboten wird, kannst du auch hier im Saisonkalender ablesen. Die dunkelgrün markierten Felder zeigen dir importiertes Gemüse bzw. Salat an. Hellgrün markierte Felder weisen auf heimischen Anbau hin. Je höher die Markierung, desto größer ist das Gemüse- bzw. Salatangebot. In diesen Monaten ist der Kaufpreis meist geringer.

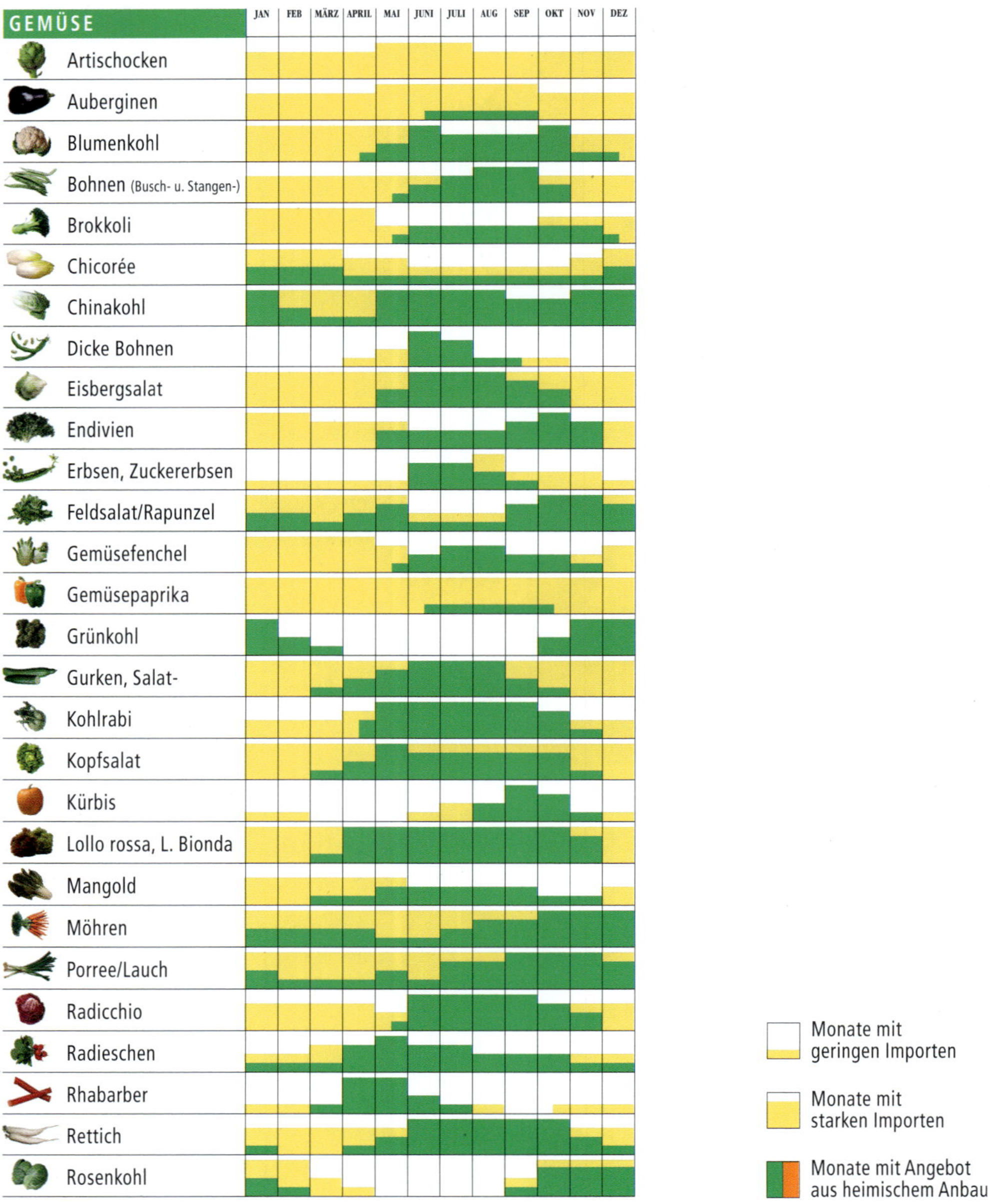

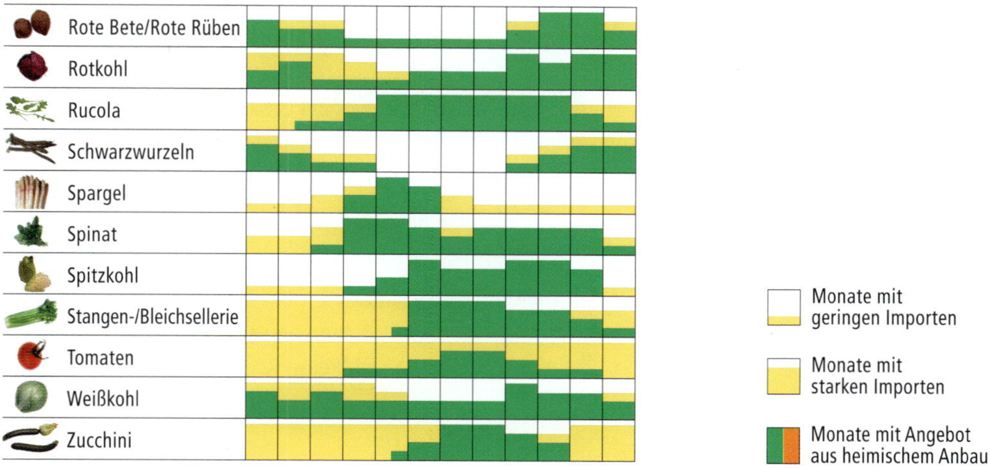

8.4 Garverfahren

Es gibt eine Vielzahl von Möglichkeiten, wie Lebensmittel zubereitet werden. Nicht jede Zubereitungsart ist für alle Lebensmittel geeignet.

Backen

	Lebensmittel werden in trockener, heißer Luft bei 160–250 °C gebacken. Diese Garmachungsart wird meistens verwendet für Kuchen, Kleingebäck und Auflauf.
Gesundheitliche Bewertung	• Vitamine und Mineralstoffe werden zerstört • schwer verdaulich, da sich Röststoffe bilden

Braten in der Pfanne

	Lebensmittel werden im Fett bei 120–180 °C gebraten. Diese Garmachungsart wird meistens verwendet für Fleisch, Fisch, Gemüse und Kartoffeln.
Gesundheitliche Bewertung	• fettreiches Garverfahren • Vitamine und Mineralstoffe werden zerstört • schwer verdaulich, da sich Röststoffe bilden

Dünsten

	Lebensmittel werden mit wenig Fett, im eigenen Saft oder mit etwas Flüssigkeit bei 70 – 100 °C gedünstet. Diese Garmachungsart wird meistens verwendet für Zwiebeln, Gemüse und Fisch.
Gesundheitliche Bewertung	• fettarmes Garverfahren • Vitamine und Mineralstoffe werden geschont • leicht verdaulich, da sich keine Röststoffe bilden

Dampfdruckgaren

	Lebensmittel werden in wenig Flüssigkeit mit Druck und Dampf bei bis zu 116 °C dampfdruckgegart. Diese Garmachungsart wird meistens verwendet für Gemüse, Kartoffeln und Fleischgerichte.
Gesundheitliche Bewertung	• fettarmes Garverfahren • Vitamine und Mineralstoffe werden geschont, da es sehr schnell geht

Dämpfen

	Lebensmittel werden im Wasserdampf bei 100 °C gedämpft, dabei liegen die Lebensmittel in einem Siebeinsatz. Diese Garmachungsart wird meistens verwendet für Kartoffeln, Gemüse und Fisch.
Gesundheitliche Bewertung	• fettarmes Garverfahren • Vitamine und Mineralstoffe werden geschont • leicht verdaulich, da sich keine Röststoffe bilden • Lebensmittel werden nicht ausgelaugt, da sie nicht im Wasser liegen

Kochen

	Lebensmittel werden in reichlich Flüssigkeit bei 100 °C gekocht. Diese Garmachungsart wird meistens verwendet für Nudeln, Suppen, Soßen, Reis, Gemüse und Suppenfleisch.
Gesundheitliche Bewertung	• fettarmes Garverfahren • Vitamine und Mineralstoffe werden zerstört • leicht verdaulich, da sich keine Röststoffe bilden • Lebensmittel werden ausgelaugt

Mikrowellengaren

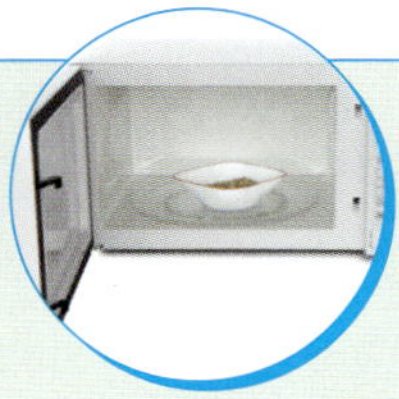	Lebensmittel werden durch elektromagnetische Wellen bei 350–1200 Watt erhitzt. Diese Garmachungsart wird meistens verwendet für das Erwärmen/Zubereiten von Speisen und Auftauen von Lebensmitteln.
Gesundheitliche Bewertung	• fettarmes Garverfahren • Vitamine und Mineralstoffe bleiben erhalten • leicht verdaulich, da sich keine Röststoffe bilden

Pfannenrühren

	Lebensmittel werden mit wenig Fett, im eigenen Saft bei 100–240 °C pfannengerührt. Diese Garmachungsart wird meistens verwendet für Gemüse, Fleisch und Fisch
Gesundheitliche Bewertung	• fettarmes Garverfahren • Vitamine und Mineralstoffe werden geschont • leicht verdaulich, da sich wenig Röststoffe bilden

9 Das Wissen ist dein mit Küchenlatein

Da bei der Bildung neuer Fachbegriffe immer wieder auf die alte, römische Amtssprache Latein zurückgegriffen wird, werden dir hier im Küchenlatein die wichtigsten Fachbegriffe und Abkürzungen erklärt. So kannst du gängige Wörter aus der Kochpraxis besser verstehen.

ablöschen	Dem erhitzten Lebensmittel wird auf einmal Flüssigkeit zugegeben.
abschmecken	Eine Speise überprüfen, ob sie schmeckt und gegebenenfalls nachwürzen.
abschrecken	Gekochte Nudeln, Spätzle und Eier werden nach dem Kochen mit fließend, kaltem Wasser überbraust.
abseihen	Lebensmittel (Kirschen aus dem Glas, Dosenmais, gekochte Nudeln) werden mit Hilfe eines Siebes von der Flüssigkeit getrennt.
al dente	Nudeln werden so lange gekocht, bis sie nicht weich, sondern noch kernig im Biss sind (bissfest).
All-in-Methode	Bei der Herstellung von Teigen werden alle Zutaten auf einmal miteinander verarbeitet.
anrösten	Lebensmittel werden in einer heißen Pfanne leicht gebräunt.
anstocken	Bei geringer Hitze werden verquirlte Eier fest.
aufgießen	Dem erhitzten Lebensmittel wird langsam Flüssigkeit zugegeben.
Backbrett	Zur Herstellung und Verarbeitung von Teigen wird ein großes Holzbrett verwendet.
Croûtons	Gewürfelte Toastscheiben werden in Butter angeröstet.
dippen	Fingerfoodgerichte werden in cremige, kalte Soßen getaucht. Diese Soße nennt man Dip.
Dressing	Salate werden mit einer cremigen Gewürzsoße verfeinert.
Fingerfood	Alle Gerichte, die man mit den Händen und ohne Besteck essen kann.
garnieren	Angerichtete Speise mit einer Zutat dekorieren.
glasieren	Das Bestreichen von Gebäck mit geschmolzener Schokolade oder einer Puderzuckerglasur.
hacken	Lebensmittel werden grob mit einem großen Messer zerschnitten.
Julienne schneiden	Gemüse wird in gleichmäßige, dünne Streifen geschnitten.

marinieren	Durch Zugabe einer Marinade werden Salate und rohes Fleisch gewürzt.
n. Bed.	Diese Abkürzung meint, dass Geschmackszutaten nach Bedarf ergänzt werden können.
Nudelholz	Dieses Arbeitsgerät wird zum Auswellen von Teigen verwendet.
panieren	Fleisch, Fisch oder Gemüse werden der Reihe nach in Mehl, verquirltem Ei und Semmelbröseln gewendet. Es entsteht eine Panade.
portionieren	Speise wird in Größe und Gewicht gleichmäßig aufgeteilt.
quellen	Stärkehaltige Lebensmittel (Reis, Grieß, Mehl) nehmen Flüssigkeit auf und verändern ihre Beschaffenheit.
Schlagrahm	Süße Sahne wird auch Schlagrahm oder süßer Rahm genannt und ist ein Milchprodukt. Sie besteht zu mindestens 30 % aus Fett.
Suppengrün	Ein Bund mit Karotte, Sellerie, Lauch und Petersilie nennt man Suppengrün oder auch Wurzelwerk.
tränken	Gebäck wird mit wenig Saft, Kaffee oder Alkohol aromatisiert.
unterheben	Zutaten werden vorsichtig mit einer Masse vermischt, keinesfalls gerührt.
verquirlen	Mithilfe einer Gabel werden Eiklar und Eigelb vermengt.
warmhalten	Speisen im Porzellangeschirr werden im Backofen bei ca. 80 °C warmgestellt.
Wasserbad	Lebensmittel sind in einer Edelstahlschüssel, die in einem Topf mit heißem Wasser stehen. Schokolade wird geschmolzen, Eiercremes werden abgeschlagen, damit sie nicht anbrennen.

10 Anhang

Tutoren – Schüler unterstützen Mitschüler

Bei der Tutorenarbeit nimmt eine Gruppe älterer Schüler, die sich bereits gut in der Schule auskennen, Kontakt zu jüngeren Mitschülern auf, die neu an eine Schule kommen und betreuen diese. Das Ziel der Tutoren ist es, den neuen Mitschülern den Einstieg zu erleichtern und sie im Schulalltag zu begleiten, damit sie sich bald wohl fühlen und sich schnell zurechtfinden.

Tutorenarbeit

Da sich die älteren Schüler mit den Regeln, Gewohnheiten und Abläufen an ihrer Schule bereits gut auskennen, werden einige interessierte Schüler den jeweiligen neuen Klassen als Unterstützung zugeteilt. Die Tutoren begrüßen die Klassen und stellen sich vor, organisieren verschiedene Aktivitäten und Veranstaltungen, um Kontakte aufzubauen. Tutoren repräsentieren die Schule, haben eine verantwortungsvolle Aufgabe und sind Vorbilder für ihre Mitschüler. Auch die Schülermitverwaltung (SMV) arbeitet mit den Tutoren zusammen. Es ist eine Ehre, ein Tutor sein zu dürfen!

1) Informiere dich auch über die Tutorenarbeit an deiner Schule!
2) Erstelle eine Ideensammlung für weitere Aktivitäten der Tutoren!
3) Notiere, welche Fragen und Probleme ein neuer Schüler haben könnte!

Aktivitäten

Zu Beginn des Schuljahres organisiert das Tutorenteam ein gemeinsames Frühstück in der Klasse. Bei einer Schulhausrallye lernen die jüngeren Mitschüler sich im Schulgebäude zu orientieren. Die Tutoren stehen während den Pausen in Kontakt zu ihren Mitschülern. So wird der Zusammenhalt gestärkt und es entwickeln sich Vertrauen, Verantwortung und Mitgefühl. Mithilfe der betreuenden Lehrkraft oder der Schulsozialarbeiter/in werden Ausflüge, Lesenächte sowie Nachmittagsangebote (z. B. Basteln für Muttertag, Plätzchen backen) durchgeführt.

Lernziel erreicht?

1) Erstelle einen Plan für das erste Treffen!
2) Zähle Kompetenzen auf, die man als Tutor benötigt!
3) Kannst du dir vorstellen, ein Tutor zu sein? Begründe!

Mitgedacht

1) Welche Ehrenämter außerhalb der Schule kennst du?
2) Überlege Gründe, warum jemand bereit ist, ein Ehrenamt zu übernehmen!

Nährwerttabelle

Lebensmittel 100 g eingekaufte Ware	Eiweiß	Fett	Kohlenhydrate	Ballaststoffe	Vitamine				Mineralstoffe		Wasser	Energie	Purin*
	g	g	g	g	A µg	B_1 mg	B_2 mg	C mg	Calcium mg	Eisen mg	g	kJ	mg
Milch/Milchprodukte													
Vollmilch	3,3	3,5	4,8	0	31	0,04	0,20	2	120	0,1	87,5	275	0
Milch (fettarm)	3,4	1,5	4,9	0	14	0,05	0,15	1	120	0,1	89,3	190	0
Buttermilch	3,5	0,5	4	0	9	0,03	0,15	1	110	0,1	91,2	150	0
Joghurt (Vollmilch)	3,3	3,5	4	0	32	0,05	0,25	2	150	0,2	87,5	310	0
Joghurt (1,5% Fett)	3,4	1,5	4,1	0	1	0,05	0,15	1	120	0,2	89,2	165	0
Sahne, saure	3,1	10	3,7	0	–	0,04	0,15	1	100	0,1	81,8	805	0
Schlagsahne (30%)	2,2	31,7	3,4	0	275	0,03	0,15	1	75	+	62	1265	0
Crème fraîche	2	40	2,5	0	–	0,04	0,15	1	100	0,1	54,5	1204	0
Kakaotrunk	3,5	0,5	10	0	–	0,05	0,20	1	120	0,3	85,5	245	3
Eier													
Hühnervollei Stück ca. 57 g	12,9	11,7	0,6	0	265	0,05	0,05	+	30	1,0	73,8	350	2,5
Hühnerdotter	16,1	31,9	0,3	0	1490	0,30	0,10	+	140	7,2	50	1575	3
Hühnereiklar	10,9	0,2	0,7	0	+	0,02	0,05	+	11	0,2	87,5	230	0
Käse													
Doppelrahmfrischkäse (60%)	4,5	28	4	0	325	0,05	0,30	+	65	–	61,1	1485	0
Emmentalerkäse 45% Fett i. Tr.	28,9	30	1,2	0	325	0,05	0,35	+	102	0,6	36	1555	10
Edamer Käse 25% Fett i. Tr.	24,4	3	0	0	230	0,05	0,35	+	710	0,7	47,5	1320	10
Camembert 20% Fett i. Tr.	23	14	1	0	200	0,05	0,65	+	600	0,2	61,5	955	10
Schmelzkäse 15% Fett i. Tr.	14	24	6	0	300	0,05	0,40	–	200	1,0	55,5	1275	26
Speisequark 10% Fett i. Tr.	12	11	4	0	99	0,05	0,20	1	600	0,3	72,5	695	0
Speisequark, mager	13,5	+	4	0	2	0,05	0,30	1	120	0,5	81,3	240	0
Speisefette/Öle													
Butter	1	83	0	0	650	0,01	0,02	+	13	0,1	15,5	3240	0
Margarine	1	80	0,4	0	590	+	+	+	10	0,1	18,1	3180	0
Butterschmalz	0,3	99,5	0	0	890	–	–	0	–	–	0,3	3752	0
Kokosfett	0,8	99	0	0	+	0	0	–	2	+	0,1	3870	0
Sonnenblumenöl	+	100	0	0	4	0	–	–	–	–	0	3885	0
Olivenöl	+	100	0	0	20	0	0	0	–	–	0	3880	0
Mayonnaise (80%)	1,1	79	3	0	3	0,05	+	6	19	1,0	15,1	3200	1
Mayonnaise (50%)	1	52	5	0	–	–	0	–	35	0,8	–	2130	12

* Quelle: Deutsches Institut für Ernährungsforschung, Potsdam-Rehbrügge

Lebensmittel 100 g eingekaufte Ware	Eiweiß	Fett	Kohlenhydrate	Ballaststoffe	Vitamine				Mineralstoffe		Wasser	Energie	Purin*
	g	g	g	g	A µg	B_1 mg	B_2 mg	C mg	Calcium mg	Eisen mg	g	kJ	mg
Fleisch/Geflügel/Wurst													
Rinderfilet	19	4	+	0	+	0,10	0,20	+	12	2,6	76,5	525	110
Rinderleber	20,3	2,1	5,3	0	7760	0,30	2,70	28	7	6,6	69,9	550	225
Rinderhack	20	13	+	0	+	0,10	0,20	+	10	2,2	66,5	880	108
Hackfleisch, gem.	20	19	+	0	–	0,40	0,15	–	8	2,2	60,5	1060	121
Schweinebraten	15	21	+	0	+	0,70	0,20	+	8	1,5	63,5	1100	150
Schweineschnitzel	22,2	1,9	+	0	+	0,75	0,20	2	2	2,3	74,9	700	160
Fleischbrühe (verzehrfertig)	1	1	0	0	–	–	–	0	–	–	98,0	70	4
Gekörnte Brühe (Trockenprodukt)	24	8,5	5	0	–	–	–	–	–	–	1,5	805	14
Brathähnchen	19,9	9,6	+	0	7	0,05	0,10	2	9	1,3	70,1	450	120
Hähnchenkeule	18,2	11,2	+	0	–	0,05	0,18	+	11	1,4	69,7	375	110
Hähnchenbrust	22,2	6,2	+	0	–	0,50	0,60	+	10	0,8	70,6	330	180
Putenfleisch	24,1	1	+	0	–	0,10	0,05	+	20	3,0	73,7	525	170
Bierschinken	16,6	11,4	+	0	0	0,30	0,20	0	15	1,5	58,8	1025	135
Fleischwurst	9,9	28,5	+	0	–	0,20	0,25	–	9	2,5	56,4	1355	86
Leberkäse	12,4	27,5	+	0	–	0,05	0,15	–	4	2,0	57,0	1135	97
Leberwurst	12	40	1	0	1430	0,20	0,90	–	40	5,2	47,8	1840	178
Salami	17	47	+	0	3	0,15	0,20	–	35	2,0	35,8	2190	120
Schinken, roh	16	35	+	0	+	0,50	0,20	0	9	2,0	49,8	1440	150
Schinken, gekocht	19,5	20,8	+	0	+	0,50	0,25	0	10	2,4	60,6	1145	148
Speck, durchwachsen	9,1	65	+	0	+	0,40	0,15	0	9	0,7	25,8	2530	0
Bratwurst	12	35	+	0	–	0,40	0,10	–	5	1,0	52,8	1570	77
Wiener Würstchen	15	21	+	0	+	0,10	0,10	0	13	2,4	63,8	1100	96
Fisch/Fischwaren													
Aal	15	24	+	0	520	0,10	0,20	1	13	0,4	59,3	875	65
Goldbarschfilet	18	4	+	0	12	0,10	0,10	1	20	0,7	76,9	475	130
Kabeljau	17	+	+	0	10	0,05	0,05	2	11	0,5	81,1	325	110
Seelachsfilet	18	1	+	0	11	0,10	0,35	–	14	1,0	80,2	370	170
Forelle	19,5	2	+	0	23	0,05	0,05	–	9	0,5	76,3	220	297
Fischstäbchen, TK	16	7	20	–	–	–	–	–	–	–	–	840	110
Matjeshering	16	23	+	0	–	–	–	–	50	1,3	60,8	1190	219
Krabbenfleisch	18	1	1	0	18	+	0,05	+	75	2,0	78,4	350	147
Thunfisch in Öl	24	21	+	0	370	0,05	0,05	+	7	1,2	52,5	1270	118
Getreideprodukte													

Lebensmittel 100 g eingekaufte Ware	Eiweiß g	Fett g	Kohlenhydrate g	Ballaststoffe g	Vitamine A µg	Vitamine B1 mg	Vitamine B2 mg	Vitamine C mg	Mineralstoffe Calcium mg	Mineralstoffe Eisen mg	Wasser g	Energie kJ	Purin* mg
Cornflakes	8	1	83	4	+	+	0,05	0	13	2,0	3	1625	80
Eierteigwaren (Nudeln)	13	3	70	3	60	0,20	0,10	0	20	2,1	10	1630	60
Vollkornnudeln	15	3	64	8	–	0,30	0,15	0	25	3,8	10	1435	80
Früchtemüsli	11	6	60,2	12	10	0,36	0,15	48	55	3,0	12	1550	95
Grünkern	12	3	62	9	0	0,30	0,10	0	22	4,2	13,5	1370	125
Haferflocken	14	7	66	7	0	0,40	0,15	0	65	5,6	4,8	1680	100
Puddingpulver	1	2	97	0	25	0,05	0,50	–	–	3,5	–	1464	0
Reis, Vollkorn	7	2	75	4	+	0,40	0,10	0	25	2,6	11,8	1550	134
Reis, poliert	7	1	79	1	+	0,05	0,05	0	5	0,6	10,8	1540	130
Roggenmehl, Type 1150	9	1	67,8	8	+	0,20	0,10	0	20	2,4	13,6	1490	66
Roggenvollkorn	11	1,5	59	13,7	45	0,30	0,15	0	23	4,0	15	1490	70
Weizenmehl, Type 1050	12	2	71	4	+	0,22	0,07	0	14	2,8	10,8	1550	46
Weizenmehl, Type 405	11	1	74	2	10	0,06	0,03	0	15	1,0	11,8	1540	40
Weizenvollkorn	12	2	61	10	50	0,30	0,15	0	40	3,0	14,8	1525	82
Paniermehl	13	1	72	3	0	0,10	0,05	0	25	1,2	10,8	1470	60
Knäckebrot	10	1	77	2	0	0,20	0,20	0	55	4,7	9,8	1590	79
Roggenvollkornbrot	7	1	46	7	50	0,20	0,10	+	45	3,3	38,8	1000	57
Semmeln (Brötchen)	7	1	58	0	0	0,10	0,05	0	25	0,6	33,8	1165	56
Semmelknödel	6	2	26	–	–	–	–	–	–	–	–	600	22
Weizenvollkornbrot	8	1	47	7	–	0,25	0,15	0	95	2,0	36,8	1010	64
Gemüse/Kartoffeln/Hülsenfrüchte/Pilze													
Blumenkohl	2	+	2	2	4	0,05	0,05	43	13	0,4	93,8	70	45
Blaukraut	1	+	4	2	4	0,05	0,05	39	25	0,4	93	90	31
Bohnen, grün, sterilisiert	1	+	4	3	33	0,07	0,15	4	34	1,3	91,8	95	28
Endiviensalat	1	+	2	1	145	0,05	0,10	7	40	1,1	93,7	55	11
Erbsen, grün, sterilisiert	4	+	11	4	70	0,12	0,05	9	20	1,8	80,2	275	99
Essiggurken	1	+	3	1	–	0,03	+	2	30	1,6	94	70	4
Feldsalat (Rapunzel)	2	+	2	2	500	0,05	0,05	27	27	1,5	93,6	70	24
Grünkohl	2	1	3	4	460	0,05	0,15	54	110	1,0	87,7	95	30
Gurken, ungeschält	+	+	1	1	21	0,01	0,02	1	11	0,4	96,4	30	6

Lebensmittel 100 g eingekaufte Ware	Eiweiß	Fett	Kohlenhydrate	Ballaststoffe	Vitamine				Mineralstoffe		Wasser	Energie	Purin*
	g	g	g	g	A µg	B_1 mg	B_2 mg	C mg	Calcium mg	Eisen mg	g	kJ	mg
Kohlrabi	1	+	3	2	30	0,05	0,05	36	50	0,6	91,6	50	30
Kopfsalat	1	+	1	2	90	0,05	0,10	7	15	0,4	95	40	10
Lauch (Porree)	2	+	4	2	20	0,05	0,05	17	50	0,6	89	90	40
Gelbe Rüben	1	+	6	3	1120	0,05	0,05	5	30	0,6	88,2	120	20
Paprikaschoten	1	+	4	2	230	0,05	0,05	107	9	0,6	91	90	10
Petersilie	3	+	6	4	730	0,10	0,20	100	145	4,8	81,9	155	40
Schnittlauch	4	1	1,6	6	50	0,15	0,15	47	130	1,9	84	230	30
Tomate	1	+	3	1	130	0,05	0,05	23	13	0,5	94,2	75	10
Tomatenketchup	1	+	24	+	105	0,07	0,05	11	12	0,8	74	450	78
Tomatenmark	2	+	9	+	210	0,10	0,05	9	60	1,0	86	210	91
Wirsing	2	+	3	2	12	0,05	0,05	32	35	0,9	90	100	40
Zwiebel	1	+	8,8	2	5	0,03	0,05	8	30	0,5	88	175	15
Kartoffeln	2	+	15	3	4	0,10	0,05	12	10	0,7	77,8	285	16
Kartoffeln, geschält	2	+	19	3	5	0,10	0,05	15	13	0,9	75,8	355	16
Kartoffelpuffer	4	16	23	3	–	–	–	–	–	–	–	1035	17
Kartoffelpüree	3	3	16	3	20	0,11	0,05	10	40	0,7	–	420	11
Bratkartoffeln	2	4	17	3	5	0,11	–	10	14	0,8	–	490	15
Kartoffelsalat (mit Öl)	2	3	15	3	5	0,10	0,05	12	14	1,0	–	385	15
Pommes frites (erhitzt)	4	12	34	4	0	0,15	0,02	21	9	1,8	43,6	1130	15
Bohnen, weiß	22	1,6	40	17	65	0,45	0,15	3	105	6,0	11,6	1460	180
Erbsen	23	1,4	41,2	16,6	20	0,70	0,20	1	45	5,0	10,6	1500	150
Linsen	24	1	52	11	20	0,45	0,25	–	75	6,9	11,8	1480	200
Champignons	3	+	3	2	+	0,10	0,45	5	8	1,7	91,8	90	60
Pfifferlinge (Reherl)	1	+	2	4	+	0,01	0,15	2	5	4,0	91,5	60	30
Steinpilze	2	+	4	6	+	0,03	0,30	3	7	0,8	87,6	115	80
Obst													
Apfel	+	+	12	2	10	0,03	0,03	11	7	0,4	85,8	210	15
Apfelkompott	+	+	19	2	6	0,01	0,02	2	5	0,3	78,8	330	14
Banane	1	+	21	2	25	0,03	0,04	8	6	0,4	73,9	275	25
Birne	+	+	13	3	15	0,05	0,03	5	16	0,3	83,8	230	15
Erdbeeren	1	+	7	2	8	0,03	0,05	62	25	0,9	89,9	150	25
Feigen (getrocknet)	4	+	61	10	9	0,10	0,10	2	190	3,3	24,5	1125	68
Grapefruit	+	+	9	1	2	0,05	0,03	30	13	0,2	88,8	120	15
Himbeeren	1	+	8	5	7	0,02	0,05	25	40	1,0	85,8	165	18
Kirschen	+	+	13	2	45	0,03	0,04	9	14	0,4	84,8	240	15

Lebensmittel 100 g eingekaufte Ware	Eiweiß g	Fett g	Kohlenhydrate g	Ballaststoffe g	Vitamine A µg	Vitamine B_1 mg	Vitamine B_2 mg	Vitamine C mg	Mineralstoffe Calcium mg	Mineralstoffe Eisen mg	Wasser g	Energie kJ	Purin* mg
Kiwi	+	+	12	2	50	0,01	0,05	93	30	0,7	85,8	235	19
Mandarine	+	+	10	2	34	0,04	0,03	20	25	0,3	87,7	135	20
Orange	+	+	9	2	11	0,06	0,03	36	30	0,4	88,8	165	20
Pfirsich	+	+	10	1	70	0,05	0,05	10	5	1,2	88,8	175	18
Rosinen	2	+	66	5	5	0,10	0,10	1	30	2,7	23	1135	107
Weintrauben	+	+	16	2	5	0,05	0,03	4	20	0,5	81,3	235	20
Zitrone	+	+	5	+	2	0,03	0,02	34	7	0,3	94,8	75	20
Zwetschge (Pflaume)	+	+	14	2	33	0,07	0,05	5	13	0,4	83,2	245	20
Nüsse													
Haselnüsse	14	62	13	7	2	0,40	0,20	3	225	3,8	3,8	2890	37
Mandeln	18	54	3	15,2	20	0,20	0,60	1	250	4,1	5	2725	37
Walnüsse	15	63	14	5	4	0,35	0,10	15	70	2,1	2,8	2950	25
Süßwaren/Zucker													
Bienenhonig	+	+	81	0	+	+	0,05	2	5	1,3	17	1275	0
Halbbitterschokolade	5	30	54	+	+	0,08	0,08	0	60	3,0	11	2130	26
Kakaopulver	20	25	38	–	8	0,10	0,40	0	115	11,5	16,8	1975	71
Kokosflocken	2	18	69	4	0	0,03	+	2	10	1,2	6,8	1865	0
Konfitüre	+	0	66	3	0	+	+	8	10	+	30,8	1090	6
Nuss-Nougat-Creme	5	35	50	+	75	0,05	0,20	7	130	3,9	9,8	2300	20
Vollmilchschokolade	8	33	55	+	25	0,10	0,35	0	215	3,1	2,8	2355	60
Zucker	0	0	100	0	0	0	0	0	1	0,3	0	1650	0
Alkoholfreie Getränke													
Apfelsaft	+	+	12	+	7	0,02	0,02	1	7	0,3	88	190	16
Cola-Getränke	0	0	11	0	0	0	–	0	4	–	88,8	185	10
Limonade	0	0	12	0	–	–	–	–	–	–	87,8	190	0
Orangensaft	1	+	10	+	12	0,10	0,03	54	11	0,2	88,2	195	21
Zitronensaft	+	+	8	–	2	0,05	0,01	55	14	0,1	91,8	100	18

Zeichenerklärung:

1 mg = 1/1000 g = 0,001 g

1 µg = 1/1000 mg = 0,001 mg

\+ = Vorkommen in Spuren

– = es kann keine Angabe gemacht werden

Bildquellenverzeichnis

5 am Tag e.V., Mannheim: S. 48/2
adpic Bildagentur Baumann & Haid GbR, Bonn: S. 99/5
aid infodienst Ernährung, Landwirtschaft, Verbraucherschutz e.V., Bonn: S. 47, 63/1; 95; 100; 101/1
Bauer Living GmbH, Hamburg: S. 69/2
Bilderschaft Medien GmbH, Hamburg: S. 93/1,3,6; 94/1–3; 96/1; 97/1,4
Braun GmbH, Kronberg/Taunus: S. 40/1
Bundesanstalt für Landwirtschaft und Ernährung, Bonn: S. 64/2
C. Bomann GmbH, Kempen: S. 39/4
Cimbal, Walter, Hamburg: S. 97/3, 6; 99/1; 2; 102/1,3; 103/1
Coca-Cola Deutschland, Berlin: S. 13/2,4
Derouich, Jacey, Panketal; ©le-monde-de-jacey.over-blog.de: S. 12/1, 2, 3
Detia Degesch GmbH, Lautenbach: S. 65/2,7
Deutsche Gesellschaft für Ernährung e. V., Bonn: S. 48/1
dpa Picture Alliance GmbH, Frankfurt/Main: S. 44/2
Dziadosz, Barbara, Hamburg: S. 38/1–3
Electrolux Hausgeräte Vertriebs GmbH, Nürnberg: S. 40/3
Europäische Kommission Generaldirektion Landwirtschaft und ländliche Entwicklung, Brüssel, Belgien: S. 64/1
Fischer, Wilma, Bobingen: S. 8
Fotolia Deutschland, Berlin © www.fotolia.de: S. 7/2 (MaFiFo), 5 (cirquedespirit), 6 (drubig-photo), 8 (Lichtbildnerin); 11/1 (victoria p.); 15 (Marco Meyer); 26/(ExQuisine); 28/1 (El Gaucho), 2 (Robert Kneschke); 31 (moodboard); 32/1 (Gina Sanders); 34/1 (senkaya); 37/1 (opicobello); 43/1 (Lisa F. Young), 2 (frankoppermann); 46 (Sandra Kemppainen); 56/1 (Robby Schenk), 2 (Brad Pict), 3 (scol22); 58/3 (Birgit Reitz Hofmann), 4 (ce-art-services), 6 (Marion Neuhauß); 60/1 (dethchimo), 2 (Peter Rees), 3 (canelle); 63/5 (doncarlo); 66 (Kletr); 68/1 (Lakov Filimonov), 2 (blende 40); 69/4 (fredredhat); 70/1 (ExQuisine), 2 (Ben), 3 (Elenathewise); 72/1 (JJAVA); S. 73/2 (Corinna Gissemann); 77/2 (kab-vision); 78/2 (Giacobbe); 82 (Quade); 86 (Jürgen Fälche); 88/1 (Lucky Dragon), 2 (conny); 91/1 (momanuma), 2 (Ideenkoch); 92/2 (Alena Kovalenko); 98/1 (Picture Factory), 2 (Oliver Presser), 3 (Peter Atkins), 4 (Carmen Steiner); 99/3 (Ralf Maassen); 103/3 (BlueOrange Studio); 106 (Werner Heibner)
Fissler GmbH, Idar-Oberstein: S. 41/3–6; 42/2,3; 102/2
G3 Werbefotos, Graggo, Roman, Regensburg: S. 73/1; 75/1, 2; 77/1; 79/2
Galas, Elisabeth, Bad Breising: S. 9/1–7; 10/1–6
GEFU Küchenboss GmbH & Co. KG: Eslohe: S. 40/2
Getty Images, München: S. 63/4 (Sami Sarkis); 93/4 (Dorling Kindersley); 96/4 (Dorling Kindersley)
H. J. Heinz GmbH, Düsseldorf: S. 13/5
Hanke, Jutta, Wöllstadt: S. 7/7
Hahn, Konrad, München: S. 34/2
Hansa-Milch AG, Upahl: S. 13/1
Institut für Schädlingskunde, Groß Zimmern: S. 65/1
iStockphoto, Berlin: S. 7/3 (Lionvision), 4 (Ragip Candan), 9 (Stephan Zabel); 32/2 (Kali9); 37/2 (L_amica); 38/4 (Sam Hanna); 50 (thumb); 52/ 1 (Catherin Yeulet); 58/2 (Manuela Weschke); 74/2 (Bill Noll); 76/2 (dirkr); 79/1 (dirkr); 80/2 (dirkr); 83/1 (dirkr); 85/1 (Alexandra Dobrea), 2 (EAsyBuy4u); 89/1 (Smarina); 96/2 (stuartpitkin); 97/2 (fatihhoca); 103/2 (Don Nichols)
Jahreszeiten Verlag GmbH, Hamburg: S. 97/5
Jalag Syndikation, Hamburg: S. 11/3 (Jörn Rynio); 96/3; 99/4
Jugendhilfe Essen G. GmbH, Essen: S. 33/1

Kaiser, Andreas, Neu-Ulm Pfuhl: S. 11/2
Kölzer, Gabriele, Bobingen: S. 19
Landesanstalt für Entwicklung der Landwirtschaft und der ländlichen Räume (LEL): S. 59
Loderbauer, Josef, Deggendorf: S. 87/1
Mertaltex Deutschland GmbH, Mahlberg-Orschweier: S. 38/5
Onderka, Karin, Schwabmünchen: S. 61
Panasonic Deutschland, Wiesbaden: S. 44/1; 45
pixelio media gmbh, München: S. 7/10 (Rainer Sturm); 63/2 (Kurt Michel); 65/6 (Miroslaw); 84/2 (thommy-weiss); 101/2 (M. Gade), 3 (Julien Christ)
Polenz, Anke: Kochen und Backen gewusst wie (HT 4392) Hamburg: S. 28/3 (Cimbal, Walter)
Pulsiva GmbH, Nürnberg: S. 7/1
QS-Qualität und Sicherheit GmbH, Bonn: S. 64/3
Sander Gourmet GmbH, Wiebelsheim: S. 81/1
Schwartauer Werke GmbH & Co. KGaA, Bad Schwartau: S. 13/6
Slow Food Deutschland e.V., Berlin: S: 52/2
Staatlich Bad Meinberger Mineralbrunnen GmbH & Co. KG, Bad Meinberg: 13/3
StockFood GmbH, München: S. 39/1–3 (Z. Sandmann/Newedel); 60/4 (Friedhelm Volk); 67 (Brauner M.); 68/3 (Eising Studio); 76/1 (Eising Studio); 93/2 (Teubner Foodfoto GmbH); 93/5 (Eising Studio); 94/4 (Eising Studio)
Studio für Fotodesign, Andreas Meschke, Dresden: S. 33/2
Verlag Handwerk und Technik GmbH: Das Koch- und Backbuch (HT 4345), Hamburg: S. 69/1 (Dirk Behrens)
Verlag Handwerk und Technik GmbH, Hamburg: S. 9/8; 10/7; 41/1,2; 42/1; 55/2; 58/1,5,7; 78/1, 80/1; 83/2; 87/2; 89/2; 90/2; 92/1;
Verlag Zabert Sandmann GmbH, Hamburg: S. 69/3
Wirths Public Relations GmbH, Fischach: S. 71/2; 74/1; 84/1; 90/1
WMF AG, Geislingen/Steige: S. 42/1
www.culinaryline.com: S. 72/2 (Frank B.); 81/2
www.dreamstime.com: S. 71/1 (Dehooks)
www.wikipedia.org: S. 49; 63/3; 55/1 (Anghy); S. 65/3 (Arctanx), 4 (Olaf Leillinger), 5 (Richard Bartz)

Sachwortverzeichnis

Rezeptverzeichnis

Alphabetisches Rezeptverzeichnis